KB185106

감정은 어떻게
인간을 지배하는가

| 우리의 마음이 천국과 지옥을 오가는 이유 |

감정은 어떻게 인간을 지배하는가

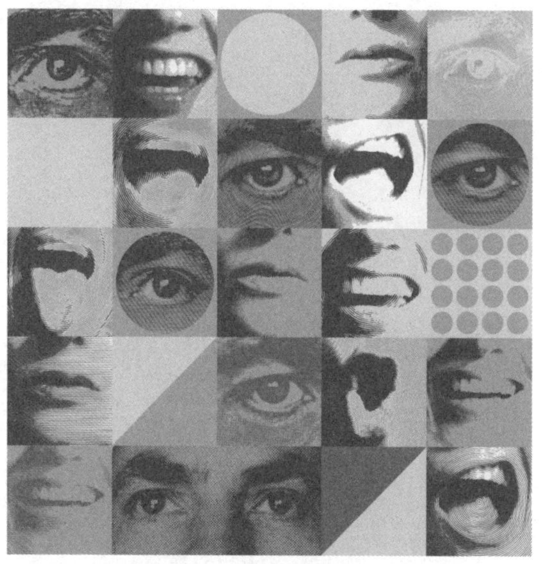

닐 버튼 지음 | 박선영 옮김

내 안에서 나를 만드는
26가지 감정들의 숨겨진 이야기

일러두기

· 본문 중에서 21장, 23장, 24장의 부제목에 달린 주석 외에 다른 주석은 모두 옮긴이의 주이다.

“마음은 그 자체로 하나의 장소이다.
감정은 그곳을 천국이나 지옥으로 만든다.”

_ 존 밀턴 《실낙원》

작가의 말

종교와 더불어 전통적 사회 구조가 약화되면서 감정은 (현대 사회의 요구나 환경에 완벽히 적합하지는 않지만) 우리 삶에서 점점 더 중요한 역할을 하고 있다. '인간은 감정의 지배를 받는 존재'라는 말은 오래전부터 있었지만, 오늘날에는 그 말이 더욱 진실에 가깝게 됐다. 직업, 배우자, 정치관에서 돈, 성, 종교 문제에 이르기까지, 우리의 선택을 좌우하는 것은 이성이나 전통보다 감정이다. 감정만큼 우리가 살아있음을 느끼게 하고, 인간다움을 느끼게 하는 것도 없으며, 우리에게 상처를 주는 것도 없다. 하지만 놀랍게도 감정의 중요성은 학교, 더 나아가 사회에서도 철저히 무시돼왔고, 그 결과 수많은 사람이 불만족스럽고 불행한 삶을 살게 되었다. 내 삶의 여정이 바로 그 대표적인 사례다. 나는 의사 수련을 받고 정신 의학을 전공했지만 감정에 관해 배운 적은 한 번도 없었다.

이 책의 핵심은 내가 〈사이콜로지투데이Psychology Today〉에 기고한 연재물에서 가져온 것이다. 프롤로그는 감정의 형성에 관한 전문적인 내용이므로, 건너뛰고 1장부터 읽어도 좋다. 26장으로 구성된 본문은 기본적으로 정해진 순서대로 읽는 것이 좋지만, 각 장은 비교적 독립적으로 구성되어 있으므로 순서와 관계없이 자유롭게 읽어도 무방하다.

내가 이 책을 쓰면서 경험한 것처럼 독자들도 이 책을 읽으며 즐겁고 유익한 경험을 하길 바란다.

차례

프롤로그

| 감정의 탄생 |

감정이란 무엇일까? 답은 명확하지 않다. '감정emotion'이라는 용어는 비교적 최근에 등장했기 때문에 어떤 언어에는 이에 해당하는 단어 자체가 없다.

과거에는 사람들이 감정이라는 단어보다 '정념'이라는 단어를 썼다. 정념은 감정뿐 아니라, '쾌락', '고통', '욕구' 등을 포괄적으로 의미했다. 정념을 뜻하는 영어의 'passion'은 'passivity(수동성)'라는 단어와 마찬가지로 '당하다'라는 뜻의 라틴어 'patere'에서 유래했다. 수동적인 정념들은 우리가 통제할 수 없는 것처럼 여겨지는 경우가 많았다. 오늘날 'passion'이라는 단어는 사랑이나 욕망처럼 강렬하거나 격한 감정 혹은 욕구를 표현하는 말로 쓰이고 있다.

이 수동적 관념은 '감정'이라는 단어에도 남아 있다. 영어 'emotion'은 라틴어 'emovere'에서 유래하며, '밖으로 옮겨지다, 드러나다, 흔들리다'를 의미한다. 영어에서 종종 쓰이는 표현인 'suffer an emotion'이라는 말은 '외부의 영향을 받아, 마음이 불안해지고, 고통받는다'라는 뜻이다.

역사적으로 많은 사상가들이 이성의 힘을 키우고 마음의 평온을 유지하기 위해 '동물적 정념'에 휘둘리지 않아야 한다고 주장했다. 세네카와 스피노자와 같은 철학자들은 기분, 감정, 걱정 같은 모든 정념에서 해방된 상태인 '아파테이아apatheia'를 주장하기까지 했다. 이성을 특권화하는 이런 역사적 배경은 유감스럽게도 감정을 억압하는 데 그치지 않고 아예 무시하는 결과를 초래했다. 이런 이유로 오늘날 대부분의 사람은 자신을 휘두르고, 억누르고, 잘못된 방향으로 이끄는 감정의 영향을 제대로 인식조차 하지 못하고 있다.

●■◤

감정은 유쾌하거나 불쾌하다는 점에서 긍정적이거나 부정적일 수 있다. 유쾌한 감정은 진화의 역사에서 우리를 존속시키고 도움이 되는 것들에 대한 반응이며, 부정적 감정은 우리를 해치거나 도움이 되지 않는 것들에 대한 반응이다. 이와 관련해서 중요한 사실은 우리의 감정이 현대 사회의 환경에 완벽하게 적합하지 않을 수 있다는 것이다. 특히, 우리의 감정은 단기적 편향성을 띠는 경향이 있기 때문에 장기적 즐거움이나 만족을 과도하게 과소평가한다. 먼 과거에는 이러한 단기적 편향성이 인간의 생존과 번식의 가능성을 높여주었지만, 기대 수명이 늘어나고 식량 자원이 풍족해지면서 현대 사회에서는 오히려 단점이 됐다.

또한 오늘날 부정적 감정은 그 대상이 진짜가 아니라면 아무리 부정적일지라도 즐거운 것이 될 수 있다. 사람들이 공포 영화를 보거나 롤러코스터를 타기 위해 기꺼이 비용을 지불하는 이유도 바로 그 때문이다.

●■◤

인간의 가장 원초적인 감정을 뜻하는 '기본 감정Basic emotions'에 대한 논의는 1세기경에 시작되었다. 다양한 분야에 걸쳐 예禮의 근본정신을 집대성한 중국의 《예기》에서는 인간의 일곱 가지 기본 감정을 '기쁨', '분노', '슬픔', '두려움', '사랑', '싫음', '좋음'으로 꼽았다. 현대에 들어서면서 미국의 심리학자 폴 에크만Paul Ekman은 여섯 가지 기본 감정을 '분노', '혐오', '두려움', '행복', '슬픔', '놀라움'으로 구분했으며, 로버트 플루치크Robert Plutchik는 서로 반대되는 네 쌍의 기본 감정을 '기쁨-슬픔', '분노-두려움', '신뢰-혐오', '놀라움-기대'로 분류했다.

기본 감정은 인류의 먼 조상이 직면했던 생태적 도전에 대응해 진화한 것으로 추정된다. 기본 감정은 뇌에 고정적으로 프로그래밍이 돼 있을 만큼 선천적으로 타고나며, 각각의 감정은 고유한 신경회로를 따라 작동한다. '정서 프로그램Affect program'으로도 불리는 기본 감정은 선천적이고 자동적이며, 빠르거나 반사적이고, 생존 가치가 높은 행동을 유발한다.

기본 감정은 인간의 뇌에 이미 설치된 프로그램에 비교되기도 하지만, 그 감정이 향하는 대상은 문화적 조건에도 영향을 받는 것 같다. 예컨대 만약 톰이 시험을 망치는 것을 매우 두려워한다면, 그 이유는 그가 속한 문화와 하위문화가 학업적 성공에 부여하는 가치가 그만큼 크기 때문일 수 있다.

더 복잡한 감정의 경우, (감정의 대상이 아닌) 감정 자체가 문화적으로 형성되고 구성된다. 독일어로 타인의 불행에서 얻는 기쁨이나 즐거움을 뜻하는 말인 '샤덴프로이데

schadenfreude'는 모든 시대, 모든 사람에게 공통으로 나타나는 감정이 아니다.

●■◤

'문화적 조건화Cultural conditioning'는 개인이나 집단이 특정 사회나 문화 속에서 성장하며 그 문화의 '규범', '가치', '신념', '관습' 등을 자연스럽게 받아들이고 학습하는 과정을 말한다. 이는 앞서 말한 감정의 대상뿐 아니라 감정의 표현에도 영향을 미치고, 따라서 어떤 감정 표현에는 방언처럼 지역적 특색이 있다. 그러나 분노나 두려움과 같은 기본적인 감정은 문화적 조건화에 큰 영향을 받지 않기 때문에, 그러한 감정을 나타내는 얼굴 표정이 전 세계적으로 비슷하게 나타나고 또 인식될 수 있다. 실제로 일부 표정은 인간뿐 아니라 개와 같은 동물들에게도 나타날 수 있어서, 우리는 그런 표정들을 통해 동물의 감정에도 깊이 공감할 수 있다.

© pexels.com

이 강아지가 느끼는 감정은 무엇일까?
아마도 '관심, 호기심, 놀라움, 혼란, 걱정' 중
하나에 해당할 것이다.
하지만 그것은 코에 가볍게 입을 맞추는 것으로
충분히 해결할 수 있는 정도일 것이다.

이 모든 것은 사람들이 감정 표현을 읽는 데 능숙하다는 것을 의미한다. 감정 표현을 해석하는 우리의 능력은 우리가 경험한 적이 없거나 부분적으로만 경험한 감정에 대해서도 자동적이며 반사적이다. 감정 표현을 읽는 이러한 능력은 다른 사람들이 우리와 비슷한 심리를 공유한다는 가정에 기초한다. 따라서 다른 문화, 다른 세대, 다른 사회 계층에 속한 사람들을 대할 때는 적절한 주의가 필요할 수 있다. 하지만 기본 감정의 표현은 보편적으로 공유되므로 이러한 주의는 더 복잡한 감정에만 기울이면 된다.

●■◤

우리는 감정에 의해 의사 결정을 한다. 감정은 우리가 어떤 주제나 문제를 고민할 때 그 범위나 한계를 설정하고, 이용할 수 있는 모든 사실과 대안 중에서 적절하거나 중요한 선택만을 의식적으로 주목하게 한다. 따라서 뇌 손상, 극심한 우울증 등으로 감정 능력이 감소한 사람들은 의사 결정에 어려움을 겪는다. "이성은 정념의 노예이며 또한 마땅히 그래야 한다"라는 데이비드 흄의 격언처럼, 우리가 어떤 판단을 내리고 행동할 때는 이성보다 감정이 더 강력하고 주도적이다.

부정적이거나 왜곡된 감정 또는 잘못된 감정은 우리의 사고 과정을 방해하여 자신을 기만하도록 작동한다. 이런 감정은 사람들이 불편한 진실을 숨기고, 필요한 행동을 하지 않게 만들며, 책임을 회피하고, 실존주의자들의 말처럼 '자유로부터 도피'하게 만든다. 그러므로 잘못된 감정은 일종의 도덕적 결함이자 실제로 가장 심각한 결함이다. 이를 바로잡고 우리의 감정과 그 감정이 반영하는 가치를 다듬는 과정이 바로 '덕virtue'을 쌓는 과정이다. 올바른 감정을 느끼면 의식적으로 노력하지 않아도 자연스럽게 올바른 생각과 행동을 하게 된다.

역으로, 올바른 행동을 반복하다 보면 그런 행동들이 쌓여 올바른 감정을 형성하기도 한다. 논리학의 아버지이자 위대한 사상가인 아리스토텔레스는 대부분의 사람에게서 올바른 감정, 즉 덕은 이성적 사고가 아니라 훈련과 습관을 통해 형성된다고 했다.

감정은 가치를 반영하고 드러낼 뿐 아니라, 가치 자체를 형성하기도 한다. 우리는 감정에 대한 감정을 경험할 수 있고, 그 이차적 감정에 의해서 우리가 느끼는 일차적 감정을 강화하거나 수정할 수 있다. 예를 들어 '진리', '정의', '아름다움'을 향한 일차적 감정은 심오하고 진실한 애정으로 다시 경험되는 반면, 독재자나 선동꾼, 악당에 이끌리는 감정은 결국 공허하게 느껴지거나 우리를 고통스럽게 하는 경우가 많다.

"소크라테스가 말하길 훌륭한 통치자라면
먼저 자기 감정을 다스릴 줄 알아야 한다."

_스토바이우스Stobaeus

01

지루함 Boredom

| 소모되지 않은 에너지에서 얻을 수 있는 것 |

'지루함'을 뜻하는 'boredom'이라는 단어는 19세기 초에 출판된 영국의 주간지 〈디 앨비언The Albion〉의 1829년 8월 8일 자 기사에 처음 등장했고, 찰스 디킨스가 1853년에 출간한 소설인《황폐한 집》에서 사용된 이후 널리 알려졌다.

사회 심리학자 에리히 프롬을 포함한 일부 학자들에 따르면, 사람들이 지루함을 느끼게 된 것은 산업화와 '노동의 소외'•, 전통적 가치들이 사라지는 현상에 의한 현대 사회의 필연적 결과다. 하지만 어떤 형태의 지루함은 인간의 보편적 감정인 것 같기도 하다. 폼페이 유적지의 벽에는 서기

• 철학자 칼 마르크스가 사용한 용어로 '목적, 즐거움, 성취감 없이 일하도록 강요받는 자본주의 사회에서 노동자들의 상태'를 뜻한다.

1세기에 쓴 것으로 추정되는 지루함에 대한 글귀가 라틴어로 새겨져 있다.

벽이여! 그대에게 글을 새긴 사람들의 모든 지루함을 견뎌야 하는데도 아직 무너지지 않았다니 놀랍구나.

고대 그리스의 철학자이자 정치가인 플루타르크는 약 서기 100년에 집필한 그의 저서 《영웅전》에서 에피루스의 왕 피로스Pyrrhus•는 평화의 시기를 '구역질이 날 정도로 지루하게' 여겼다고 전한다.

이 시기에… 운명은 (피로스에게) 방해받지 않고, 자신이 가진 것을 즐기고, 평화롭게 살며, 자기 백성을 다스릴 권한을 줬다. 그러나 피로스는 다른 사람들에게 해를 가하지 않을 때나 반대로 자신이 다른 사람들에게 해를 입지 않을 때면 구역질이 날 정도로 지루해했으며, 아킬레우스가 그러하듯이 한가로움을 견디지 못했다. (호메로스의 말을 인용하면) 마음을 갉아먹히며 전쟁의 함성과 전투를 그리워했다.

• 기원전 280년과 279년에 로마에 맞서 승리를 거둔 인물.

13세기에 토마스 아퀴나스는 수도사들의 고민거리인 '아케디아acedia'에 대한 글을 남겼다. '무기력하고 나태한 상태'를 말하는 이 증상은 우울증과 관련이 있을 것으로 추정된다. 아퀴나스는 이 세속적인 슬픔을 '영적 기쁨'과 대조시켰고, 아케디아는 '정오의 악마'로 불리며 다른 모든 죄를 불러일으키는 죄로 여겨졌다.

그렇다면 지루함이란 정확히 무엇일까? 지루함은 우리가 신체적 또는 정신적으로 어떤 활동이나 자극을 원하지만, 그 욕구가 충족되지 않아 불쾌감이 느껴지는 상태를 말한다. 즉, 우리는 평소에 무기력하거나 조용한 상태가 아니라 활동적이고 에너지가 넘치는 상태에 있는데, 여러 가지 이유로 그 에너지를 소모하거나 적절한 활동으로 전환할 수 없는 상태일 때 지루함을 느낀다. 그 이유는 상상력, 동기, 집중력 부족과 같은 내적 요인일 수도 있고, 자극이나 기회의 부재와 같은 외적 요인일 수도 있다. 우리는 관심을 가지고 즐길 수 있는 활동을 하고 싶지만 그러지 못할 때, 더 나아가 그 사실이 점점 더 분명해질 때 지루함을 느낀다.

지루함의 본질을 좀 더 자세히 살펴보자. 예를 들어 공항 대기실에 갇혀 있는 상황은 왜 그렇게 지루하게 느껴질까? 이때 우리는 새롭고 자극적인 환경에 곧 도착할 것을 기대하며 굉장히 흥분된 상태다. 사실 공항 안에는 상점이나 읽을거리도 많지만 우리는 그런 것들에 관심이 가지 않을뿐더러 주의가 분산돼 지루함이 더 심하게 느껴질 뿐이다. 게다가 이런 상황은 (비행기가 연착되거나 취소될 수도 있으므로) 우리가 통제하거나, 예측하거나, 피할 수 없다. 우리는 안내 모니터를 계속 확인하면서 이런 요인들을 점점 더 고통스럽게 인식하게 된다. 상점이나 잡지 외에도 지루함을 덜기 위해 술을 마시는 방법도 생각해 볼 수 있다. 하지만 숙취가 남을 수 있고, 잠이 들어 비행기를 놓치게 될 위험이 있기에 그러기도 쉽지 않다. 따라서 우리는 (문자 그대로나 비유적으로나) 공항 대기실에 갇혀 비행기를 탈 수도 없고, 거기서 벗어날 수도 없이 높은 흥분 상태에 있게 된다.

© pixabay

"동물은 지루함을 싫어하지만,
인간은 지루함에 고통받는다."
_콜린 윌슨Colin Wilson•

만약 그 여행이 생계의 이유나 인생에서 중요한 사람을 만나기 위한 이유처럼 꼭 필요한 여행이라면, 여행을 가도 되고 가지 않아도 되는 상황보다는 지루함을 덜 느낄 것이다. 그런 만큼 지루함은 우리가 어떤 일을 얼마나 필요하다고 느끼는지, 그것에 얼마나 개인적으로 투자했는지에 반비례한다. 예를 들어 우리가 먼 친척의 장례식에 갔을 때는 지루함을 느낄 수 있지만, 그 장례식이 부모나 형제의 장례식이라면 그렇지 않을 것이다.

• 영국의 작가, 비평가.

●■◤

여기까지는 좋다. 그렇지만 지루함은 왜 불쾌하게 느껴질까? 쇼펜하우어는 삶이 본질적으로 의미 있거나 충만하다면 지루함 같은 것은 존재할 수 없다고 주장했다. 이는 초기 기독교인들이 아케디아를 '하나님이 창조한 세상과 그 안에 있는 좋은 것들을 즐기지 않으려는 의도적인 마음'으로 여긴 이유가 될 수 있다. 따라서 지루함은 현세적 삶이 무의미하다는 증거다. 또한 지루함은 평소 바쁜 활동이나 긍정적이고 활기찬 생각과 감정들로 차단하고 있던 부정적이고 우울한 생각과 감정들을 우리 마음속에 불러일으키거나 받아들이게 만든다. 지루함이 '조적 방어Manic defence'를 무너뜨리는 것이다. 여기서 '조적 방어'란 의식적으로 긍정적이거나 즐거운 감정을 유지하고, 계속해서 바쁘게 움직이며, 자신이 모든 것을 완벽하게 통제할 수 있다는 강한 느낌이나 믿음을 가짐으로써, 혹은 어떤 감정이든 느낌으로써 절망감을 차단하는 것이다.

조적 방어의 한 사례로, 알베르 카뮈의 소설 《전락》에서 클라망스는 낯선 사람에게 이렇게 말한다.

내가 아는 사람 중에 멍청한 여인과 20년이나 함께 산 사내가 있습니다. 그는 자신의 우정과 일, 삶의 품위까지 모든 걸 포기하고 그녀에게 희생했지만, 어느 날 저녁 아내를 한 번도 사랑한 적이 없었다는 사실을 깨달았지요. 그는 단지 따분했던 거였어요. 다른 사람들과 마찬가지로 따분했던 것뿐이었습니다. 그래서 그는 복잡하고 골치 아픈 일들로 가득 찬 삶을 꾸며냈던 거예요. 무슨 일이든 일어났어야 했으니까요….

만성적으로 지루함을 느끼는 사람들은 우울증, 과식, 알코올 및 약물 남용과 같은 문제가 생길 위험이 크다. 한 연구에 따르면 사람들을 지루한 환경에 놓이게 했을 때 많은 사람이 아무런 할 일이 없는 상태에서 벗어나기 위해 자신에게 불쾌한 정도의 전기 충격을 가하는 쪽을 선택했다고 한다.

현실에서 우리는 지루함을 해소하기 위해 상당한 자원을 소비한다. 글로벌 엔터테인먼트 및 미디어 시장의 가치는 2026년까지 2조 9,000억 달러를 초과할 것으로 예상되며 배우, 운동선수, 인플루언서들은 과도하게 높은 급여와 사회적 위치를 얻고 있다. 기술의 발전 덕분에 우리는 언제 어디서나 손쉽게 오락거리에 무한정으로 접근할 수 있게 됐지만, 그로 인해 상황은 더욱 나빠졌다. 현재의 순간에 집중하지 못하고, 현재의 경험에서 더 멀어지게 됐기 때문이다. 우리는 포만감이나 만족감을 느끼는 대신 감각이 둔해져 더 많은 자극이 필요하게 됐으며, 더 많은 전쟁과 더 심한 폭력과 더 노골적인 자극을 원하게 됐다.

●■◤

하지만 지루함에도 긍정적인 측면은 있다. 지루함은 우리가 더 즐겁고, 유익하고, 성취감을 주는 일을 할 수 있고 해야 한다는 것을 알려주는 신호가 된다. 그런 점에서 지루함은 우리를 더 넓고 풍요로운 환경으로 이끄는 변화와 발전의 원동력이라 할 수 있다.

우리가 삶에서 충분한 만족감을 느끼고 있는 소수에 속한 사람일지라도 어느 정도 지루함을 느끼는 것은 여전히 가치가 있다. 지루함은 우리가 자신의 생각과 감정을 더 깊이 탐구하고, 바쁜 일상에서 놓치기 쉬운 자연의 아름다움과 조화를 다시 느끼고 경험하며, 매우 집중해야 하는 장시간의 어려운 작업을 시작하고 끝내는 동기가 될 수 있기 때문이다.

영국의 수학자이자 철학자인 버트런드 러셀은 "지루함을 견디지 못하는 세대는 자연의 느린 섭리에 의해 마치 꽃병에 꽂힌 꽃처럼 서서히 시들어가게 될 것이다"라고 말했다.

1918년, 백작 출신인 러셀은 평화주의 선전 활동으로 인해 브릭스턴 감옥에서 4개월 반을 복역했지만, 그곳의 단조로운 환경이 창의성을 발휘하는 데 적합하고 도움이 된다고 느꼈다.

나는 여러 면에서 교도소 생활이 꽤 만족스러웠다… 약속도 없고, 어려운 결정을 내릴 필요도 없고, 방문객에 대한 두려움도 없었으며, 내 일을 방해하는 것도 없었다. 나는 엄청나게 많은 책을 읽었고, 《수리철학의 기초》를 썼으며, 《정신의 분석》을 집필하기 시작했다… 한번은 리튼 스트레이치의 《빅토리아 시대 명사들》을 읽고 있었는데, 너무 크게 웃는 바람에 간수가 와서 나를 제지하며 감옥은 벌을 받는 장소임을 잊지 말라고 했다.

●■◤

물론 모든 사람이 러셀처럼 될 수는 없다. 그렇다면 우리 같이 평범한 사람들은 지루함을 느낄 때 어떻게 하는 것이 가장 좋을까?

앞서 말했듯이 지루함이 '충족되지 않은 자극 욕구를 인식하는 상태'라면 통제할 수 없는 상황을 피하고, 주의를 산만하게 하는 요소를 제거하고, 자신에게 동기를 부여하고, 기대치를 낮추고, 상황을 넓은 시각에서 보는(예를 들면 실제로 자신이 얼마나 운이 좋은지 깨닫는) 등의 방법으로 지루함을 최소화할 수 있다.

하지만 지루함에 끝없이 맞서 싸우기보다는 오히려 지루함을 받아들이는 것이 더 쉽고 유익하다. 지루함이 우리에게 현실과 인간 존재의 본질을 보여주는 창문이라면, 지루함과 싸우는 것은 그 창문을 가리는 커튼을 치는 것과 같다. 그렇다. 밤은 칠흑처럼 어둡지만, 밤이 있기에 별이 더 밝게 빛나는 법이다.

바로 이런 이유로 동양에서는 전통적으로 지루함을 피하지 않고 오히려 그것을 긍정적으로 받아들이면서 이를 통해 더 높은 의식 상태에 도달할 수 있다고 본다. 내가 좋아하는 선불교의 유머 중에 이런 이야기가 있다.

한 수행자가 자신이 절에 들어가서 입문하면 깨달음을 얻기까지 시간이 얼마나 걸릴지 물었다.

"10년이 걸립니다." 선사가 대답했다.

"그럼 정말 열심히 노력해서 정진 횟수를 두 배로 늘리면 어떨까요?"

"그렇게 되면 20년이 걸립니다."

지루함과 싸우는 대신 지루함을 긍정적으로 받아들이고 그 감정을 즐기면서 그 시간을 유익하게 사용해 보라. 다시 말해, 자신을 덜 지루하게 해보라. 쇼펜하우어는 "지루함 또한 매혹의 이면일 뿐"이라고 했는데, 그 이유는 지루함과 매혹은 모두 우리가 어떤 상황의 내부가 아니라 외부에 있을 때 일어나기 때문이다. 그러므로 지루함을 느낄 때는 우리가 늘 해왔듯이 그 상황에서 벗어나려고만 하지 말고, 그 상황에 완전히 몰두해 보자.

그 방법이 너무 어렵게 느껴질 사람들을 위해 선불교의 지도자인 틱낫한 스님은 지루하게 느껴지는 활동에 단지 '명상'이라는 단어만 붙여도 도움이 된다고 말한다. 만약 공항에서 오래 대기해야 하는 시간이 생긴다면, 그 시간을 '공항에서 명상하는 시간'이라고 생각하라는 것이다. 영국의 시인이자 평론가인 새뮤얼 존슨의 말 또한 이러한 생각을 지지하는 듯하다.

우리는 사소한 것을 연구함으로써 최소한의 불행으로 최대의 행복을 얻는 기술을 익힐 수 있다.

02

외로움 Loneliness

| 혼자 있고 싶지만 혼자인 건 싫은 이유 |

우리는 보통 혼자 있을 때 외롭다고 생각하는 경우가 많지만, 주변에 사람들이 있어도 그들이 흥미롭지 않거나 별다른 자극을 주지 않으면 지루함을 느끼고, 실제로 외로움까지도 느낄 수 있다.

나는 외로움이라는 감정을 '고립된 상태나 마음이 맞는 사람이 없는 상태에 대한 복잡하고 불쾌한 정서적 반응'이라고 정의한다. 역사적으로도 외로움은 죄수를 독방에 감금하는 것과 같이 고문과 징벌에 사용됐을 정도로 고통스러운 감정이다. 따라서 외로움은 건강에도 해롭다. 외로움에 시달리는 사람들은 그렇지 않은 사람들에 비해 과식과 과음을 많이 하며 수면과 운동은 적게 한다. 또한 우울증,

정신병, 중독과 같은 심리 문제뿐만 아니라, 감염, 심혈관 질환, 암과 같은 건강 문제를 겪을 위험도 크다.

외로움은 '사회적 고통'으로 알려져 왔다. 신체적 고통이 자신의 몸에 이상이 있음을 알리고 더 심각한 문제로 발전하는 것을 막기 위해 진화해 왔듯이, 외로움은 자신에게 사회적 고립의 문제가 있음을 알리고 사회적 유대를 찾도록 촉구하기 위해 진화했을 수 있다. 인간은 본질적으로 사회적 관계를 맺고 살아가는 동물이다. 따라서 단순히 생존과 안전을 위해서만이 아니라, 자신의 정체성, 경험, 삶의 의미와 목적을 찾기 위해서라도 사회적 관계가 필요하다. 오늘날 사회적 고립은 자신을 상실할 위험을 불러올 수 있는 대단히 심각한 문제다.

아이들은 특히 의존적인 존재이기 때문에 유년기에 외로움을 많이 경험한 사람들은 무력감과 버림받는 것에 대한 두려움이 클 수 있다. 한편, 노년기의 외로움은 오랜 기간 지속해온 중요한 사람과의 이별, 이혼, 사망 또는 갑작스러운 상실로 인해 발생할 수 있다. 특히, 가까운 사람을 잃게 되면 그 사람과 관련된 친구와 가족 등 모든 사회적 관계망을 함께 잃게 되는 경우가 많다. 이혼을 하면 단순히 배우자와의 관계가 끝나는 것이 아니라, 자신과 가까웠던 배우자의 친구나 친척들과의 관계도 단절될 수 있다. 또한 외로움은 전학, 이직, 이민, 결혼, 출산 등 삶에 큰 변화를 초래하는 사건으로 발생할 수 있으며 괴롭힘, 인종 차별과 같은 사회적 문제, 또는 소심함, 광장 공포증, 우울증과 같은 심리적 상태 및 거동이 제한되거나 특별한 돌봄이 필요한 신체적 상태로 인해서도 발생할 수 있다.

●■◤

외로움은 특히 현대 사회에서 두드러지게 나타나는 문제다. 미국의 한 연구에 따르면, 비밀을 털어놓을 사람이 없다고 답한 사람의 비율은 1985년에서 2004년 사이에 거의 세 배로 증가했다. 비밀을 털어놓을 수 있는 친한 친구가 몇 명인지에 관한 질문에 대해, 1985년에는 '세 명'이라는 응답자가 가장 많았지만 2004년에는 '한 명도 없다'는 응답자가 가장 많았다. 나는 1980년대에 어린 시절을 모리셔스에서 잠시 보냈는데, 그곳은 외로움을 느끼는 걸 상상하기 힘들 정도로 사람들 간의 관계가 대단히 밀접했다.

외로움은 사회의 모든 계층에 영향을 주지만, 특히 노년층에서 가장 보편적으로 나타나고 가장 오래 지속된다. 2017년 조 콕스 고독 위원회Jo Cox Commission on Loneliness

에서 실행한 여론조사에 따르면, 영국 노년층의 4분의 3이 외로움을 느끼는 것으로 나타났다. 놀랍게도 응답자의 5분의 2는 '온종일 아무와도 대화를 나누지 않을 때가 있다'고 답했다. 이러한 심각한 통계의 배경에는 가족 규모 감소, 이주 증가, 자영업 증가, 미디어 소비 증가, 기대 수명 연장 등의 요인이 있다.

생산성과 소비를 중심으로 운영되는 대규모 사회 구조 Large conglomerations는 사람들 간의 유대와 성찰이 부족해지면서 깊은 소외감을 느끼게 할 수 있는데, 내가 런던을 떠나 옥스퍼드로 가게 된 이유도 그런 문제와 관련이 깊다. 이런 본질적인 문제 외에도 대도시의 생활은 집과 직장 사이를 오가는 데 많은 시간을 소비하게 되므로, 공동체 구성원들 간의 유대감을 떨어뜨리고 사회적 교류를 위한 시간과 기회를 빼앗을 수 있다. 이제 인터넷은 뉴스, 지식, 음악, 오락, 쇼핑, 인간관계, 심지어 성적인 것까지 모든 것을 제공하는 만능 해결사가 됐다. 하지만 시간이 지날수록 인터넷은 시기와 분열을 조장하고, 우리의 필요와 우선순위를 혼란스럽게 하며, 폭력과 고통에 무감각해지게 하고, 가짜 유대감을 느끼게 해서 실제로 깊고 의미 있는 인간관계를 형성하는 대신 얕고 피상적인 관계를 지속하게 한다.

인간은 수천 년에 걸쳐 모든 동물 중 가장 사회적이고 서로 긴밀하게 연결된 존재로 진화해왔다. 그런데 이제 인간은 산꼭대기나 사막, 바다 한가운데가 아닌, 수백만 명의 사람들이 거주하는 도시에서 고립된 생활을 하고 있다. 물리적으로는 사람들과 가까이 살고 있지만 실제로는 깊은 관계를 맺지 못하고 외롭게 살아간다. 인류 역사상 처음으로 인간은 서로 상호작용하고 유대감을 형성해야 할 실제적인 필요도, 이유도 없어졌다.

●■◤

우리는 흔히 혼자 사는 사람들은 외로움을 많이 느낄 것으로 생각하고, '혼자다'와 '외롭다'라는 말을 동일시하는 경향이 있다. 하지만 혼자 산다고 해서 항상 혼자 있는 것도 아니고, 반드시 외로운 것도 아니다. 오히려 배우자나 가족, 친구들에 둘러싸여 있어도 외로움을 느낄 수 있고 실제로 그런 경우도 많다.

캘리포니아 대학의 벨라 드파울로Bella DePaulo 박사는 광범위한 연구를 바탕으로 싱글인 사람들이 사회적 낙인 또는 배우자가 있는 사람들로부터의 소외 같은 불리함을 겪음에도, 대체로 기혼자들보다 더 사교적이고 자기만족도가 높으며 성취감을 느낀다고 주장했다.

실제로 많은 사람이 싱글로 지내기를 선택한다. 어떤 사람들은 의도적으로 혼자 지내거나 일부러 사회적 교류를 적극적으로 추구하지 않는다. 혼자 있는 것을 더 좋아하는 사람들은 내면세계에서 더 큰 만족과 즐거움을 찾는 것일 수도 있고, 다른 사람과 진지한 관계를 맺는 것을 싫어하거나 그런 관계에는 득보다 실이 많다고 생각하는 사람일 수 있다.

플라톤과 비슷한 시기에 살았던 아테네의 티몬Timon은 유복하게 태어나 자신이 생각하는 우정의 정의에 따라 자신에게 아첨하는 친구들에게 돈을 아낌없이 쓰며 아무런 대가도 바라지 않았다. 하지만 돈이 다 떨어지자, 친구들은 떠나버렸고, 티몬은 밭일 등 힘든 노동을 하며 살아야 하는 처지가 됐다. 그러다 어느 날 티몬이 땅을 갈다가 금이 든 항아리를 발견하자 갑자기 옛 친구들이 다시 우르르 찾아왔다. 하지만 티몬은 그들을 반기기는커녕 저주를 퍼부으며 막대기를 들고 쫓아냈다. 이후 그는 사람에 대한 깊은 실망감과 분노로 숲으로 들어가 은둔 생활을 했는데, 사람들은 그를 성자처럼 여기며 찾아다녔다.

티몬은 숲에서 은둔 생활을 하는 동안 외로움을 느꼈을까? 아마 아닐 것이다. 그에게는 부족한 게 없었을 것이다.

그는 친구나 우정에 더 이상 가치를 두지 않았기 때문에, 더 나은 품격의 사람을 만나고 싶다거나 하는 차원에서 외로움을 느꼈을 수는 있지만, 일반적인 친구나 사람들을 만나 관계를 맺고 싶지는 않았을 것이다. 외로움은 객관적인 상태가 아니라 마음의 주관적인 상태다. 그래서 사람들은 자신이 원하는 사회적 상호작용과 실제로 경험한 상호작용의 수준과 유형에 따라 외로움을 느끼는 정도가 달라진다. 연인들은 주변에 친구나 다른 가족이 많이 있어도 사랑하는 사람이 옆에 없으면 외로움을 느낄 수 있다. 사랑하는 사람에게 버림받은 사람들은 사랑하는 사람과 단지 물리적으로 떨어져 있는 사람들보다 외로움을 훨씬 더 많이 느낀다. 다시 말해, 우리가 외로움을 느끼는 것은 단지 상호작용의 양이나 정도의 문제가 아니라, 코로나 봉쇄 기간에 대부분 사람이 경험한 것처럼 상호작용이 일어날 수 있는 잠재적 가능성에도 영향을 받는다.

반대로 결혼 생활에서도 외로움을 느끼는 것은 흔한 일이다. 두 사람의 관계가 더 이상 서로를 지지하고 돕는 관계가 아니라, 서로를 깎아내리고 발전을 가로막는 관계가 됐기 때문이다. 작가 안톤 체호프가 조언했듯이, "외로움이 두렵다면 결혼을 해서는 안 된다".

●■◤

하지만 많은 사람이 결혼을 통해 평생의 외로움에서 도망치고, 피할 수 없는 내면의 문제들에서 벗어나려고 한다.

본질적으로 외로움은 결핍으로 인한 감정이 아니라 인간으로 살아가는 과정에서 자연스럽게 겪는 경험이다. 다시 말해 외로움은 인간 존재의 근원적 본질과 같다. 외로움의 이런 특성을 정확히 이해하고 마음을 확고하게 하지 않으면 외로움의 감정은 다시 찾아올 수밖에 없고, 종종 더 강렬하게 나타난다.

넬슨 만델라나 마하트마 간디, 성 안토니우스처럼 삶에 대한 강한 목적의식과 의미, 또는 명확한 서사를 지닌 사람들이 자신이 처한 상황과 관계없이 외로움을 느끼지 않거나 덜 느끼는 것은 바로 이런 이유로 설명될 수 있다.

《월든》의 헨리 데이비드 소로처럼, 성 안토니우스 역시 고독을 통해 삶의 진정한 질문과 가치에 더 가까이 다가갈 수 있다는 것을 알았기에 은둔적 수행자의 삶을 살았다. 그는 무덤가에서 15년, 그리고 이집트 사막 한가운데에 있는 버려진 요새에서 20년간 수행한 뒤 추종자들의 설득으로 은둔 생활을 끝내고 가르침을 전했는데, 이 때문에 '모든 수도사의 아버지'로 불린다(수도사와 수도원을 뜻하는 단어인 'monk'와 'monastery'는 '고독한', '혼자'의 의미로 쓰이는 그리스어 'monos'에서 유래했다). 성 안토니우스는 오랜 은둔 생활을 했음에도 건강한 모습으로 돌아와 106세까지 살았다고 한다. 그가 살았던 기원후 4세기에는 그것 자체가 하나의 기적이었다.

●■◤

성 안토니우스는 외로운 삶이 아니라 고독한 삶을 살았다. 외로움이 고통의 감정으로 부정적인 영향을 준다면, 고독은 혼자임을 즐기는 것이며 내면을 더욱 단단하게 한다.

우리는 낮 동안의 다양한 경험을 처리하고 복잡한 문제들을 해결하기 위해 혼자 있는 시간이 필요하다. 고독은 타인에 의해 부과된 제약, 방해, 영향으로부터 우리를 벗어나게 함으로써 자신과 더 깊이 연결되고, 다양한 아이디어를 받아들이며, 정체성과 의미를 창출할 수 있게 한다.

프리드리히 니체에 따르면, 고독을 즐기는 능력이나 고독할 기회가 없는 사람은 사회와 문화를 앵무새처럼 따라갈 수밖에 없기 때문에 노예에 불과하다. 반면에 사회의 본질을 파헤친 사람은 자연스럽게 고독을 추구하게 된다. 즉, 고독은 우리가 더 진정한 가치와 야망을 발견하고 유지할 수 있도록 하는 근원이자, 이를 보장해 주는 역할을 한다.

니체는 말을 돌려서 하거나 부드럽게 표현하는 사람이 아니었으므로 고독에 대해서도 직설적으로 표현했다.

나는 모든 사람을 위한 물통에서 물을 마시지 않기 위해 고독으로 들어간다. 많은 사람과 함께 있으면 나는 다른 사람들이 사는 대로 살고, 내 식대로 생각하지 않는다. 시간이 지날수록 나 자신을 잃고 영혼을 빼앗기는 기분이 든다.

고독은 우리를 일상의 무의미한 소란에서 벗어나 있는 더 높은 의식 수준으로 이끌어준다. 이는 우리가 인간의 가장 본질적인 본성을 되찾고, 우리의 뮤즈이자 동반자가 되어주는 자연과도 다시 연결될 수 있게 한다. 타인과 외부에 의존하는 감정, 그리고 자기 제한적인 타협을 내려놓으면 우리는 문제를 해결하고, 창의성을 발휘하며, 더 높은 차원의 영적 경험을 할 수 있다. 고독을 받아들이고 이를 통해 관점을 변화시키는 기회를 활용하면 우리는 더 큰 고독을 견딜 힘과 안정감을 얻게 되고, 나중에는 외로움에 맞설 수 있는 삶의 의미와 본질까지 찾을 수 있다.

성 안토니우스의 삶을 보면 고독과 사랑이 양립할 수 없거나 서로 반대되는 것처럼 보일 수 있지만, 그 둘은 서로 대립하지 않는 한 함께 존재할 수 있다. 독일의 시인 라이너 마리아 릴케의 말을 빌리자면, "연인들의 가장 큰 임무는 단지 인내하는 것이 아니라 서로의 고독을 지켜주는 것이다".

릴케는 그의 인생 스승인 조각가 오귀스트 로댕에 대해 이런 말을 남겼다.

로댕은 유명해지기 전에 고독했다. 그리고 그에게 명성이 찾아온 뒤에는 더 고독해졌는지도 모른다.

미국의 시인 에밀리 디킨슨, 프랑스의 작가 마르셀 프루스트, 발명가 니콜라 테슬라 역시 고독에서 영감을 얻은 사람들이다.

한편, 정신과 의사 앤서니 스토Anthony Storr는 그의 저서 《고독의 위로》에서 다음과 같이 말한다.

가장 행복한 삶은 인간관계나 인간관계 이외의 것 중 어느 한쪽을 유일한 구원의 수단으로 이상화하지 않는 삶이다. 전체적인 삶의 만족을 추구하기 위해서는 인간 본성의 두 가지 측면을 모두 고려해야 한다.

그렇다 할지라도 모든 사람이 고독을 즐기고 긍정적으로 받아들일 수 있는 것은 아니다. 혼자라는 것은 많은 사람에게는 쓰라린 외로움이다. 사람들은 대개 젊을 때는 혼자인 것을 힘들어하지만, 나이가 들수록 혼자 있는 시간을 더 즐기거나, 적어도 싫어하지는 않게 된다. 이렇게 보면, 혼자임을 즐기는 고독은 성숙함과 내적 풍요로움에서 비롯될 뿐 아니라, 그러한 상태를 더욱 발전시킨다는 것을 알 수 있다.

고독 1890 © Artvee
프레더릭 레이튼 Frederic Leighton

"고독은 운명이 인간을
자신에게로 이끄는 길이다."
_헤르만 헤세

03

게으름 Laziness

| 우리는 아무것도 하지 않을 필요가 있다 |

게으름은 우리가 어떤 일을 해야 하고, 할 수 있지만, 거기에 들어가는 노력이나 수고 때문에 하지 않으려는 태도를 말한다. 게으름의 모습은 일을 제대로 하지 않거나, 대신 더 쉬운 일을 하거나, 아예 아무 일도 하지 않는 것 등으로 나타난다. 즉, 게으름은 자신이 해야 할 일의 중요성을 알면서도 그 일을 하기 위한 노력을 피하려는 동기가, 옳은 일이나 최선의 일 또는 해야 하는 일을 하려는 동기보다 더 강할 때 발생한다.

게으름을 뜻하는 영어 단어 'laziness'는 16세기에 등장했다. 이와 관련된 개념을 나타내는 더 오래된 용어로는 'indolence태만'와 'sloth나태'가 있다. 'indolence'는 라틴어로 '고통이 없음'을 의미하는 'indolentia'에서 유래했고, 'sloth'는 도덕적이고 영적인 측면에서 좀 더 함축적인 의미가 있다.

기독교 전통에서 '나태'는 악행을 이끌고 인간을 위한 하나님의 계획을 훼손한다는 이유로 '7대 죄악'의 하나이며, 나머지 여섯 가지 죄악은 '정욕lust', '탐식gluttony', '탐욕greed', '진노wrath', '시기envy', '교만pride'이다. 성경은 〈마태복음〉의 '달란트 비유'와 〈잠언〉, 〈전도서〉 등 여러 곳에서 나태함에 대해 경고하고 있다. 다음은 〈전도서〉의 한 구절이다.

게으른 자는 그 잡을 것도 사냥하지 아니하니 사람의 부귀는 부지런한 것이니라.•

현대 사회에서 게으름은 빈곤, 그리고 실패와 매우 밀접한 관련이 있다고 여겨진다. 따라서 우리는 어떤 사람이 가난하면 실제로 그가 얼마나 열심히 일하는 사람인지와 관계없이 게으른 사람으로 여길 때가 많다. 하지만 인간의 게으름은 유전적 특성 때문인지도 모른다. 과거 유목 생활을

• 〈잠언〉 12장 27절.

하던 인류의 조상은 부족한 자원을 놓고 서로 경쟁하고, 포식자를 피해 달아나고, 적과 싸우기 위해 에너지를 아껴야 했다. 그러므로 단기적 생존에 직접적으로 도움이 되지 않는 일에 에너지를 소비하는 행위는 생존 자체를 위험에 빠뜨릴 수 있었다. 어차피 은행, 보험, 도로, 냉장 시설, 항생제 같은 '문명의 이기'가 존재하지 않는 상황에서 미래를 계획하는 것은 큰 의미가 없었다. 하지만 현대 사회에서는 단순히 생존하는 것이 중요한 문제가 아니라, 더 나은 결과를 위해 장기적인 비전을 세우고 헌신하는 것이 필요하다.

항상 게으르게 살고 싶은 사람은 많지 않다. 소위 '게으른 사람' 중 많은 이들은 아직 자신이 하고 싶은 일을 찾지 못했거나, 어떤 이유로 그 일을 할 수 없기 때문에 게으르다. 게다가 그들이 생계를 유지하는 데 필요한 그들의 직업이 이제 너무 추상적이고 전문적이게 되어서 자신들이 하는 일의 목적을, 더 나아가 다른 사람들의 삶에 어떻게 기여하는지를 명확하게 이해하기 어려워졌다. 의사나 건축가보다 거대 다국적기업의 재무 관리직을 맡고 있는 사람이 더 자신의 일이 어떤 결과를 가져오는지, 혹은 최종 결과물이 무엇인지 알기 어렵다. 그러니 애써 그 일을 해야 할 이유를 찾지 못할 수도 있다.

게으름을 유발할 수 있는 다른 심리적 요인으로는 두려움과 절망감이 있다. 어떤 사람들은 성공을 두려워하거나 성공을 편안하게 받아들일 정도의 자존감이 부족해서 게으름을 부리는 방식으로 자신을 방해한다.

베토벤 교향곡 5번 1악장에서처럼 운명이 문을 두드리면 사람들은 대부분 피하거나 숨는다. 어떤 사람들은 실패에 대한 두려움으로 인해 게으름을 부리는 편이 오히려 시도해서 실패하는 쪽보다 낫다고 생각한다. 그래서 그들은 "나는 못 한 것이 아니라, 안 한 것뿐"이라며 자신을 정당화한다. 셰익스피어는 〈안토니와 클레오파트라〉에서 이 생각을 훨씬 더 간결하고 설득력 있게 전달했다.

운명은 안다. 자신이 큰 시련을 안길 때 사람들에게 가장 조롱받는다는 것을.

하지만 어떤 사람들은 상황이 너무 절망적이라 문제를 해결하기는커녕 해결책을 생각하거나 고민하는 것조차 힘들어서 게으름을 피운다. 이런 사람들은 자신의 문제를 해결할 수 없는 상태이기 때문에 정말로 게으른 것은 아니라고 주장할 수 있다. 그리고 이 말은 게으른 사람 모두에게 어느 정도 적용될 수 있다. 다시 말해, 어떤 사람을 게으르다고 판단하려면 그 사람에게 게으르지 않기로 선택할 수 있는 기회, 즉 다른 선택을 할 수 있는 자유가 있어야 한다.

●■◤

게으름은 '미루기procrastination'나 '빈둥거림idleness'과 혼동될 때가 많지만, 이 셋은 명확하게 구분될 필요가 있다.

미루기는 중요한 일을 미루고 덜 중요하거나 덜 급한, 즉 부담이 적은 다른 일을 하는 것을 말한다.• 실용적이거나 전략적인 목적으로 일을 연기하는 것은 미루기에 해당하지 않는다. 미루기가 되려면 미흡하거나 비효율적인 계획이 바탕에 있어야 하고, 일을 미룬 사람에게 전반적으로 더 큰 손해가 발생해야 한다. 필요한 자료가 준비될 때까지 세금 신고를 미루는 것과 휴가를 망치거나 벌금을 물게 될 정도로 미루는 것은 다른 문제다. 게으른 사람과 달리, 일을 미루는 사람은 과제를 완료할 의도를 지니고 있으며 결국 그 과제를 완료하기는 하지만 그 과정에서 전체적으로 더 큰 비용을 감수하게 된다.

'빈둥거림'은 아무것도 하지 않는다는 뜻이다. 우리는 할

• 동사형 'procrastinate'는 라틴어로 '내일로 보내다'라는 뜻이다.

일이 없어서, 또는 더 정확히 말해서 무슨 일을 해야 할지 몰라서 아무것도 하지 않는 것일 수 있다. 만약 할 일이 명확하게 있으면서 아무것도 하지 않는다면 게을러서일 수도 있지만, 그 일을 할 수 없는 상태이거나 휴식을 취하며 기운을 회복하기 위해서일 수도 있다. 기독교에서는 일주일 중 일요일 하루를 쉬는 날로 정해두고 있는 만큼 휴식과 회복은 단순히 아무것도 하지 않는 것과는 다르다는 주장은 충분히 설득력이 있다.

더 근본적으로 우리는 아무것도 하지 않는 것과 그로 인해 얻는 결과를 다른 활동들보다 더 가치 있게 생각하기 때문에 아무것도 하지 않기로 선택할 수 있고, 이러한 선택은 게으름과는 구별된다. 예를 들면 빅토리아 여왕의 총애를 받았던 멜버른 총리는 '의도적 게으름'의 미덕을 찬양했다. 좀 더 최근의 사례로, 제너럴일렉트릭GE의 회장이자 CEO였던 잭 웰치는 하루에 1시간은 일명 '창밖을 내다보는 시간'을 가졌다. 그리고 독일의 화학자 아우구스트 케쿨레는 낮잠을 자다가 뱀이 자기 꼬리를 무는 꿈을 꾸고 벤젠Benzene 분자의 고리 구조를 발견했다. 이런 '전략적 게으름'에 능숙한 사람들은 삶을 관찰하고, 영감을 얻으며, 균형 잡힌 시각을 유지하고, 사소하거나 불필요한 것들에 얽매이지 않으며, 비효율적인 요소들을 줄이고, 정말 중요한 문제들을 처리하기 위해 건강과 체력을 잘 유지한다. 이런 의미에서 아무것도 하지 않고 빈둥거리는 행위는 게으름으로 보일 수도 있지만, 일을 처리하는 현명한 방법이 될 수도 있다.

이탈리아어로 '돌체 파 니엔테dolce far niente(아무것도 하지 않는 기쁨)'라는 표현도 있듯이, 게으름은 종종 근사하게 묘사된다. 우리는 게으름을 부리고 싶어서 지금 열심히 일한다고 말하지만, 사실은 잠깐의 게으름도 견디기 힘들어한다. 연구에 따르면 사람들은 종종 바쁘게 지내기 위해 이유를 만들며, 어쩔 수 없이 바빠진 상황일지라도 바쁘게 지내는 것을 더 행복하게 여긴다. 예를 들어 많은 사람이 교통 체증을 만났을 때 시간이 더 오래 걸리더라도 막힌 길을 돌아서 가는 것을 선택한다.

아이러니하게도 우리는 본능적으로 게으름을 선호하고 한가한 삶을 꿈꾸지만, 그와 동시에 항상 무언가를 하고 싶어 하고 끊임없이 무언가를 해야만 한다. 우리는 고양이들처럼 종일 누워 있다가 가끔 햇빛을 쫓아 자리를 옮기는 정도만 하며 살 수 없다. 정말로 우리가 원하는 삶이 있다면 우리에게 의미 있고 만족감을 줄 수 있는 일과 삶의 다른 측면의 균형을 맞추며 사는 삶일 것이다. 이상적인 세상이라면 우리는 다른 사람의 지시나 요구에 맞춰 일하는 것이 아니라, 누구나 자신의 방식대로 자신의 일을 할 것이다. 우리는 필요해서가 아니라 원해서 일할 것이고, 돈이나 지위 때문이 아니라 (진부하게 들릴지도 모르지만) 개인적 성취감, 평화, 정의, 사랑을 위해서 일할 것이다.

다른 한편으로 우리는 아무것도 하지 않고 여유로운 시간을 보내는 것을 너무 가볍게 받아들인다. 사회는 사람들이 생산적이고 유용한 존재가 되도록 교육하고 훈련하지만, 반대로 아무것도 하지 않는 시간이나 여유를 가지는 방법에 대해서는 가르치지 않으며, 그러한 여유를 즐길 기회도 거의 제공하지 않는다. 그러나 전략적인 게으름은 고도로 발달한 행위이며 훈련 없이 실천하기 어렵다. 무엇보다 우리는 경쟁 사회에서 벗어나는 순간 불안감을 느끼도록 프로그램되어 있다.

© pexels

때때로 시간을 가장 잘 활용하는 방법은
시간을 낭비하는 것이다.
특히 창의적인 사람들에게 그렇다.

오스카 와일드의 말에 따르면, “아무것도 하지 않는 것은 세상에서 가장 어려운 일이자 가장 지적인 일이다”.

모든 사람에게 창밖을 바라보며 1년을 보낼 여유가 있다면, 세상은 지금보다 훨씬 나은 곳이 되지 않을까?

04

당혹감 Embarrassment, 수치심 Shame, 죄책감 Guilt

| 스스로 새긴 마음속 불타오르는 낙인 |

당혹감과 수치심, 죄책감은 모두 '반성적인 감정', 즉 자기 자신을 향한 감정이다. 이 감정들은 서로 겹치는 부분이 있긴 하지만 서로 다른 개념이다. 지금부터 이 감정들을 차례대로 알아보자.

'당혹감embarrassment'이란 첫째, 자신의 어떤 면이 다른 사람에게 드러났거나 드러날 위험이 있고, 둘째, 그 모습이 다른 사람에게 보여주고자 하는 자신의 이미지를 훼손할 가능성이 있다고 생각할 때 느끼는 불편한 감정이다. 당혹감을 유발할 수 있는 잠재적 원인은 자신뿐 아니라 자신과 함께 있는 사람에게서도 발견될 수 있다. 예를 들어 자신의 특정한 생각이나 느낌과 성향, 방귀를 뀌거나 욕을 하는 것과 같은 특정 행위나 행동, 불룩한 배나 냄새나는 발 같은 신체적 상태, 자동차나 집과 같은 자기 소유의 물건뿐 아니라 공공장소에서 교양 없는 행동을 하는 배우자, 범죄를 저질렀거나 성적으로 지나치게 노골적인 말을 하는 친척 등이 모두 당혹감의 잠재적 원인에 해당한다. 우리가 당혹감을 느끼는 이유는 이런 잠재적 원인이 우리가 보여주고자 하는 자신의 이미지보다 못해서가 아니라, 그 이미지와 맞지 않기 때문일 수 있다. 일례로 우리는 겸손한 이미지를 유지하고 싶지만 부모가 지나치게 부유하거나 특권층에 속할 때 그 차이로 인해 당혹감을 느낄 수 있다.

●■◤

당혹감이 도덕적인 문제와는 관계없이 우리가 다른 사람들에게 보여주고자 하는 자신의 '이미지'에 문제가 생길 때 느끼는 감정이라면, '수치심shame'은 도덕적으로 잘못된 행동이나 생각에 대한 반응으로 나타나는 감정이다. 수치심은 우리가 부끄럽게 여기는 것이 다른 사람들에게 드러날 때 그 감정이 더 강하게 느껴지지만, 심지어 자신의 부끄러운 생각이나 행동이 다른 사람들에게 알려지지 않은 상태에서도 생길 수 있다. 당혹감이 더 강렬할 수는 있지만, 수치심이 더 본질적인 감정이다. 왜냐하면 수치심은 단지 우리의 사회적 이미지에 국한되지 않고, 내면의 도덕성과 관련을 맺기 때문이다.

수치심은 우리가 자신의 행동을 도덕적 규범에 비추어 평가한 뒤, 그 결과가 기준에 미치지 못한다는 것을 발견할 때 생긴다. 만약 우리의 행동이 도덕적 기준에 미달하는데도 우리가 그 사실을 인지하지 못한다면, 다른 사람들로부터 수치를 당하거나 수치심을 느낄 수 있다. 극단적인 예로는 드라마 〈왕좌의 게임〉에서 세르세이 라니스터가 겪은 '수치의 행진Shame walk'이 있다.• 만약 그런 지적이나 비난을 듣고도 크게 개의치 않는다면 '뻔뻔하다'라거나 '수치를 모른다'라는 말을 듣는다. 아리스토텔레스는 《수사학》에서 수치심은 자신과 비슷한 사람들에게서 찾아볼 수 있는 고결한 자질이 자신에게는 없을 때, 특히 그 부족함이 자신의 잘못이나 도덕적 결함에서 비롯됐을 때 생긴다고 지적한다. 자신이 직접 잘못을 저지르지 않았더라도 가까운 사람, 예

• 극 중에서 세르세이 라니스터는 종교 집단인 '스패로우'에 체포되어 근친상간과 부도덕한 행위에 대한 자신의 죄를 자백하라는 압박을 받는다. 결국 그녀는 속죄의 일환으로 '수치의 행진'을 받아들인다. 그녀가 완전히 벌거벗은 상태로 거리를 걸어가자 군중들이 욕설을 퍼붓고 쓰레기를 던지며 그녀를 조롱하였고, 수녀가 그녀의 뒤를 따라다니며 계속해서 "수치스럽도다"라고 외쳤다.

를 들어 배우자나 형제자매 또는 자녀의 부끄러운 행동이나 잘못으로도 수치심을 느낄 수 있다. 따라서 아무런 잘못이 없는 사람도 수치심을 느낄 수 있다. 당혹감이나 다른 감정들도 마찬가지다. 그래서 프랑스의 실존주의 철학가 장 폴 사르트르는 "타인은 지옥이다"라는 유명한 말을 남기기도 했다.

수치심이 들 때를 떠올려보자. 영어로 수치심을 뜻하는 'shame'은 '가리다'라는 의미를 가진 고대 인도유럽어의 어근에서 유래했는데*, 이로써 알 수 있듯이 수치심을 느낄 때 사람들은 자연스럽게 얼굴을 가리거나 눈을 피하려 하고, 시선을 아래로 내리며, 몸이 축 처진 자세를 취한다. 또 다른 신체적 반응으로는 얼굴이나 몸이 뜨거워지고, 머릿속이 혼란스러워지거나 생각이 마비되는 느낌이 든다. 수치심을 느낄 때 나타나는 이런 신체적·감정적 반응들은 후회와 뉘우침의 뜻을 전달할 수 있는데, 이를 통해 상대방에게 동정심과 용서의 마음을 불러일으킬 수 있다. 그렇지만 수치심을 느끼는 것 자체가 또 다른 수치심, 더 정확히 말해서 당혹감을 일으킬 수 있어서, 우리는 자신이 수치심을 느

* 수치심을 뜻하는 'shame'은 '덮다', '가리다'의 의미를 가진 어근 'kam-' 또는 'kem-'에서 유래했다.

끼는 것을 숨기고 싶어 할 수 있다.

자존감이 낮은 사람들은 자신에게 더 가혹해서 수치심을 더 잘 느낀다. 어떤 사람들은 수치심을 느낄 때 그에 대한 방어기제로 다른 사람, 특히 자신에게 수치심을 느끼게 한 사람을 비난하거나 욕하기도 한다. 그런데 이와 같은 행동은 더 깊은 수치심과 함께 다시 자존감이 낮아지는 악순환을 부른다. 몇몇 정치인들에게서 볼 수 있듯이, 이런 악순환은 아예 수치심을 느끼지 않게 되는 것으로 끝난다.

과도한 수치심은 문제가 될 수 있지만, 가벼운 혹은 중간 정도의 수치심은 대부분 긍정적으로 작용하여 우리가 더 윤리적인 삶을 살도록 한다. 철학자 코스티카 브라다탄은 《아이디어를 위해 죽다In Dying for Ideas》에서 "철학을 공부하는 주된 이유는 세상에 대해 더 많이 알고자 하는 욕망 때문이 아니라, 자신이 처한 상태에 대한 깊은 불만 때문이다"라고 썼다.

어느 날 갑자기 당신은 고통스럽게도 삶에서 중요한 무언가가 빠져 있다는 것을 자각하고, 현재의 자신과 이상적인 자기 모습 사이에 너무 큰 괴리가 있다는 것을 깨닫는다. 그리고 어느새 이 공허함이 당신을 갉아먹기 시작한다. 당신은 아직 정확히 무엇을 원하는지 알지 못할 수도 있지만, 현재의 자신으로 남고 싶지 않다는 것은 잘 안다. 당신은 깊은 수치심으로 현재의 자신이 제대로 된 존재가 아니라고 생각할 수 있다. 소크라테스가 자신이 하는 일에 '산파술midwifery'이라는 용어를 사용한 것도 이런 의미였을 것이다. 소크라테스는 엄격한 철학적 성찰을 통해 사람들이 자신의 존재를 더 명확히 깨닫게 하는 역할을 했다. 이처럼 자기혐오와 깊이 관련된 철학적 탐구는 의심이 아니라 수치심에서 시작되는 것인지 모른다.

●■◤

수치심이 도덕적 주체와 관련이 있다면, '죄책감guilt'은 특정 행동에 대한 후회와 관련이 있다. 예를 들어 수치심이 '내가 나쁜 사람이다'라고 생각하는 것이라면, 죄책감은 '내가 나쁜 일을 했다'라고 느끼는 것이다. 좀 더 세밀하게 보면, 수치심은 자신이 사회나 문화에서 일반적으로 인정된 도덕적 기준에 부합하지 않을 때 느끼는 감정이고, 죄책감은 자신의 행동이 자신의 도덕적 기준에 미치지 못했을 때 느끼는 감정이다. 따라서 명품 옷을 입거나 비싼 차를 몰거나 고기를 먹는 행위처럼 다른 사람들은 괜찮다고 생각하는 행동일지라도 자신의 도덕적 신념과 충돌하면 죄책감을 느낄 수 있다.

죄책감과 수치심은 연관성이 깊어서 종종 혼동되기도 한다. 예를 들면 우리는 누군가를 다치게 했을 때 그 행동에 대해서 나쁜 감정(죄책감)을 느끼지만, 그와 동시에 자신에 대해서도 나쁜 감정(수치심)을 느낄 수 있다. 하지만 죄책감과 수치심은 엄연히 다른 감정이다.

수치심은 나의 실제 모습과 내가 기대하는 나의 모습이 충돌할 때 일어나는 '자아 이질적egodystonic'인 감정이다. 따라서 높은 수준의 수치심은 심리적 기능의 저하로 이어진다. 특히 섭식 장애와 여러 성적 장애는 수치심에 의한 장애로 이해할 수 있고, 나르시시즘 또한 수치심에 대한 방어기제로 해석할 수 있다.

반면에 죄책감은 나의 실제 모습과 내가 생각하는 나의 모습이 일치하며 일어나는 '자아 동질적egosyntonic'인 감정이다. 왕을 죽게 만든 맥베스 부인•과 같은 극단적 사례를 제외하면, 죄책감은 심리적 기능의 저하와 관련이 없거나 오히려 반비례하는 경향이 있다.

한편, 자존감이 높은 사람들은 동일한 조건이나 상황에 놓였을 때 수치심보다는 죄책감을 느끼고, 문제를 해결하거나 보상하려는 적극적인 행동을 취할 가능성이 높다.

• 셰익스피어의 희곡 〈맥베스〉의 주요 등장인물. 왕비가 되기 위해 남편이 왕을 살해하게 만들었지만 왕비가 된 후 죄책감에 시달리다 결국 자살한다.

피 묻은 손의 맥베스 부인 © Artvee

페르디난트 펠너 Ferdinand Fellner

"여기 여전히 피 냄새가 나.
아라비아의 모든 향수로도
이 작은 손을 향기롭게 할 수 없을 거야."

_《맥베스》 중 맥베스 부인의 대사

05

교만 또는 자긍심 Pride

| 덕의 왕관이자 허영의 그림자 |

당혹감, 수치심, 죄책감과 마찬가지로 '자긍심pride'은 사회문화적 규범과 가치의 영향을 받는 반성적 감정이다.

역사적으로 자긍심은 악덕과 미덕의 의미가 공존했다. 악덕으로 간주되는 자긍심은 '교만'의 의미로, '오만hubris'이나 '허영심vanity'에 가깝다. 고대 그리스에서는 자신을 신보다 우위에 두거나 신을 모욕하거나 모독하면 오만하다는 비난을 받았다. 그리스인들은 오만은 몰락과 파멸로 이어진다고 믿었다. 오늘날 오만은 자신의 지위나 능력, 성취를 과대평가하는 것을 의미하는데, 특히 '건방짐haughtiness'이나 '거만함arrogance'이 동반될 때 그렇다. 오만은 진실과 동떨어져 있기 때문에 갈등, 그리고 적대감을 조장한다.

허영심은 오만과 비슷하지만 특히 타인의 눈에 비치는 자기 모습을 과장되게 평가하는 것과 더 관련이 있다. 마치 소셜 미디어에서 자신을 멋지거나 매력적으로 포장하지만 실제로는 사람들의 눈살을 찌푸리게 만드는 사람처럼 말이다. 허영심을 뜻하는 'vanity'는 '공허함', '거짓됨', '어리석음'을 의미하는 라틴어 'vanitas'에서 유래한다. 〈전도서〉에 나오는 구절인 "바니타스 바니타툼 옴니아 바니타스vanitas vanitatum, omnia vanitas"는 "헛되고 헛되니 모든 것이 헛되도다"로 번역된다. 여기서 말하는 'vanity'는 단순히 공허한 자부심을 의미하는 것이 아니라 세속적인 재물과 걱정, 더 나아가 인간 삶 자체의 덧없음과 무의미함을 나타낸다. 예술에서 말하는 'vanitas'는 해골, 시들어 가는 꽃, 타는 촛불과 같이 죽음과 덧없음을 상징하는 요소들이 두드러진 그림을 말하는데, 이러한 작품들은 젊음, 아름다움 그리고 삶의 덧없음과 불안정함을 성찰하게 하여 인생 전반에 대한 우리의 시야를 넓혀준다.

많은 종교적·영적 전통에서 교만, 오만, 허영심은 '자기 우상화self-idolatry'로 여겨진다. 기독교 전통에서 교만은 '7대 죄악' 중 하나다. 특히 교만은 천사 루시퍼(라틴어로 '빛의 창조자')가 하늘에서 추방당한 이유였기 때문에 용서받을 수 없는 가장 원초적인 죄다. 또한 교만은 하나님이 가장 혐오하는 죄다. 다른 모든 죄를 낳고, 진리와 이성으로부터 눈멀게 하며, 인간을 하나님과 멀어지게 하기 때문이다. 그리스 전통에서와 마찬가지로 교만은 파멸로 이어진다. 이에 대해 〈잠언〉 16장 18절은 "교만은 패망의 선봉이요, 거만한 마음은 넘어짐의 앞잡이니라"라고 말한다.

예술 작품에서는 교만을 상징하는 주된 이미지로 죽음의 형상, '나르시시즘Narcissism'의 어원이 된 신화 속 인물 나르키소스Narcissus, 공작새, 거울과 빗을 들고 자기 머리를 손질하는 벌거벗은 여인 등이 등장한다.

●■◤

한편, 미덕으로서의 자긍심은 알베르타누스 브레시아누스Albertanus of Brescia의• 말처럼 "자신의 우수함을 사랑하는 것"이다. 좀 더 풀어서 표현하면 자긍심은 자신의 우수함을 직·간접적으로 재확인할 때 느끼는 만족감이나 확신이다. 그런 감정은 자신의 성취나 행동을 통해 직접적으로 느낄 수도 있지만, 간접적으로 자기 자녀나 학생들을 통해,

• 13세기 중세 이탈리아의 법률가, 철학자이자 저술가.

또는 자신이 속한 집단을 통해 (예를 들면 국민으로서의 자긍심, 성소수자로서의 자긍심, 흑인으로서의 자긍심을) 느낄 수도 있다.

자긍심이 '자신의 우수함을 사랑하는 것'이라면, 자긍심의 반대는 수치심이다. 앞에서 보았듯이, 'shame'은 '덮다, 가리다'를 의미하는 고대 인도유럽어 어원에서 유래한 말로, 수치심을 느낄 때 사람들은 얼굴을 가리거나 시선을 아래로 내리며, 몸이 축 처진 자세를 한다. 이에 반해 자긍심은 보통 가슴을 펴고 어깨를 뒤로 젖혀 몸을 크게 보이도록 하는 자세, 팔을 들어 올리거나 허리 옆에 올려두는 자세, 턱을 들어 올리고 만족스러운 미소를 짓는 모습 등으로 표현된다. 이러한 자세는 왕족의 초상화에서 자주 등장하는데, 사회적 지위나 소유권, 소속감을 나타내는 신호로도 사용된다. 또한 이런 자세는 다양한 문화권에서, 심지어 선천적으로 시각 장애가 있는 사람들에게서도 관찰되는 것으로 보아 학습이나 모방이 아닌 선천적 특성임을 알 수 있다.

자긍심은 그 자체로 긍정적인 감정을 불러일으키므로 더 많은 자긍심을 유발할 수 있다. 또한 자긍심은 '자존심self-respect', '자립심self-reliance', '생산성productivity', '창의성creativity', '이타심altruism' 등의 개념과도 밀접한 관련이 있다.

이처럼 자긍심의 개념은 사실상 모순을 안고 있다. 한편으로는 인간의 분별을 흐리게 하는 큰 죄악이자, 다른 한편으로는 미덕의 수단이기 때문이다.

나는 사실상 두 가지 종류의 자긍심이 있다고 생각한다. 하나는 '적절한 자긍심'이고, 다른 하나는 '거짓된 자긍심', 또는 '오만한 자긍심'이다.

'거짓된 자긍심'은 어떻게 설명할 수 있을까? '거짓된 자긍심'에 빠지기 쉬운 사람은 자존감이 부족하며 자신을 인정받고자 하는 수단으로 오만이라는 방식을 이용한다. 그런 태도는 실제로는 허세에 불과하지만 적어도 단기적으로는 효과를 발휘한다.

●■◤

아리스토텔레스는 '적절한 자긍심', 혹은 그가 말하는 '영혼의 위대함megalopsuchia'에 대해 통찰력 있는 글을 남겼다. 《니코마코스 윤리학》에서 그는 어떤 사람이 스스로 위대한 것들을 누릴 자격이 있다고 생각하고 실제로 그렇다면 그 사람은 자긍심이 있다고 말한다.

자신은 위대한 것들을 누릴 자격이 있다고 생각하고 실제로 그러한 사람은 자긍심이 있는 사람으로 여겨진다. 하지만 자신의 자격 이상으로 그렇게 생각하는 사람은 어리석은 자일 뿐이며, 덕이 있는 사람은 결코 어리석거나 우스꽝스럽지 않다.

또한 아리스토텔레스는 스스로 작은 것들을 받을 자격이 있다고 생각하고 실제로 그러한 사람은 자긍심이 있는 것이 아니라 '절제된 사람'이라고 말한다.

자신은 작은 것들을 받을 자격이 있다고 생각하는 사람은 절제된 사람이지 자긍심이 있는 것이 아니다. 반면에 자긍심은 위대함을 포함하고 있으며, 마치 아름다움에 적절한 크기의 몸이 필요하듯 절제된 사람은 단정하고 균형이 잡힐 수는 있지만 아름다울 수는 없다.

이들과는 달리 자신의 실제 가치보다 더 많은 것을 받을 자격이 있다고 생각하는 사람은 자긍심이 있는 것이 아니라 오만하거나 허영심이 많은 것이며, 자신의 실제 가치보다 더 적은 것을 받을 자격이 있다고 생각하는 사람은 소심한 것이다. 오만과 소심함pusillanimity은 악덕이지만, 자부심과 절제는 진실에 부합하기 때문에 미덕이다.

기독교 시대보다 훨씬 앞서 활동했던 아리스토텔레스는 자긍심에 대해 매우 긍정적인 묘사를 이어가는데, 이는 기독교적 관점과 현대적 감각으로 보았을 때 상당히 도전적인 해석이 될 수 있다.

아리스토텔레스는 자긍심이 있는 사람은 자신이 마땅히 받을 자격이 있는 것을 열렬히 원하는 사람이며, 특히 "덕의 보상이자 외적으로 가장 중요한 것인 명예"를 중요시하는 사람이라고 말한다. 그런 사람은 훌륭한 사람들에 의해 크게 명예롭게 되는 것은 적당히 기뻐하지만, 하찮은 사람들에 의해 사소한 이유로 명예롭게 되는 것은 경멸한다. 더 많은 것을 누릴 자격이 있는 사람들이 더 나은 사람들인 것처럼, 자긍심이 있는 사람은 훌륭한 사람이며, 그만큼 찾아보기 힘들다. 자긍심은 '덕의 왕관'이다. 그것은 덕 위에 올려져 덕을 더욱 빛나게 하기 때문이다.

아리스토텔레스는 자긍심이 있는 사람은 다른 사람들을 경멸하고 멸시할 가능성이 있지만, 근본적으로 바르게 생각하는 사람이므로 자신의 판단에 따라 올바른 이유로 그렇게 하는 것인 반면, 다수의 평범한 사람은 특별한 이유없이 (혹은 내 생각에는 자신의 자존심을 충족시키기 위해) 남을 멸시한다고 말한다. 자긍심이 있는 사람은 위대하고 훌륭한 사람들에 대해 경멸감을 느낄 수 있지만, 겸손한 사람들에 대해서는 그렇지 않다.

왜냐하면 위대한 사람들에게 우월감을 느끼는 것은 어렵고 고상한 일이지만, 겸손한 사람들 앞에서 우월감을 느끼는 것은 쉬운 일이기 때문이다. 위대한 사람 앞에서 고귀한 태도를 취하는 것은 무례함의 표시가 아니지만, 겸손한 사람들 앞에서 그러한 태도를 하는 것은 약자에게 힘을 과시하는 저속한 행동이다.

다시 말해, 자긍심이 있는 사람은 사사롭게 명예로운 일이나 다른 사람들이 잘하는 것들을 목표로 하지 않는다. 그는 큰 명예나 위대한 일이 걸려 있는 경우가 아니면 적극적으로 행동하지 않고 때를 기다리며, 많은 일을 하기보다는 위대하고 주목받을 만한 몇 가지 일을 한다.

이어서 그는 자긍심이 있는 사람이 지켜야 할 규범을 다음과 같이 말한다.

(자긍심이 있는 사람은) 자신의 증오와 사랑을 솔직하게 표현해야 한다(자신의 감정을 숨기는 것은, 즉 사람들이 어떻게 생각할지를 진실보

다 더 중요하게 여기는 것은 소심한 사람의 행동이기 때문이다). 그리고 말과 행동을 솔직하게 표현해야 한다. 그는 거침없이 말할 수 있으며, 저속한 사람들에게 반어적으로 말할 때를 제외하고는 보통 진실을 말하는 것을 선호하기 때문이다.

아리스토텔레스가 다룬 '적절한 자긍심', 혹은 '영혼의 위대함'이라는 개념에서 이상적 인물의 두 가지 원형이 도출된다. 하나는 모든 시대에서 명예로운 귀족의 전형이고, 다른 하나가 '초인超人'이다.

아리스토텔레스의 초상화 1549 © Artvee

한스 루돌프 마누엘 Hans Rudolf Manuel

"자긍심은 위대함을 함축하며,
그것은 모든 덕의 왕관이다."

_아리스토텔레스

06

속물근성 Snobbery

| 우리는 왜 부, 지위, 외모에 집착할까? |

영국의 인기 시트콤 〈키핑 업 어피어런스Keeping Up Appearances〉에는 신분 상승의 욕구가 강한 히아신스 버킷Hyacinth Bucket이라는 인물이 등장한다. 그런데 그녀는 자신의 성을 프랑스식으로 세련되게 들리는 '부케Bouquet'로 발음해 달라고 고집한다. 또 그녀는 자신이 애용하는 진줏빛 전화기로 전화를 받을 때마다 마치 집에 가정부가 있는 것처럼 보이려고 "부케 씨 댁입니다"라고 말한다. 히아신스는 전형적인 중산층에 속하지만 상류층인 것처럼 보이기 위해 늘 다른 사람들에게 잘 보이려 애쓰며, 자신의 기준에 부합하지 않는 사람들은 무시한다. 이런 설정은 다섯 시즌 동안 이어진 전형적인 영국식 코미디의 단순하지만 효과적인 성

공 비결이었다.

'속물' 혹은 '고상한 체하는 사람'이라는 뜻의 'snob'은 라틴어 'sine nobilitate(귀족이 아닌)'에서 유래했다는 주장이 있다. 케임브리지 대학의 명단이나 여객선 승객 명단 등에서 귀족 작위를 가진 사람과 가지지 않은 사람을 구분하기 위해 's. nob'이라는 약어를 사용했다는 것이다. 그러나 실제로 'snob'이라는 단어는 18세기 후반에 구두 수선공이나 그의 견습생을 지칭하는 용어로 처음 기록됐다. 케임브리지 대학의 학생들이 이 단어를 대학 외부 사람들을 가리키는 데 사용한 것은 사실이다. 19세기 초까지 'snob'은 '교양이 부족한 사람'의 의미로 사용됐는데, 이후 사회 구조가 더욱 유동적으로 변하면서 '사회적 지위 상승을 위해 애쓰는 사람'으로 의미가 바뀌었다.

오늘날 'snob'은 다음과 같은 사람을 의미한다.

- 부, 사회적 지위, 외모, 학력과 같은 피상적이거나 도덕적으로 모호한 특성을 가진 사람들을 더 높게 평가하는 사람
- 그러한 특성이 자신에게 실제로는 없지만 있다고 주장하는 사람

• 그러한 특성이 부족한 사람들을 깎아내리는 사람

따라서 속물근성에는 특정한 특성의 중요성을 과장하고, 자신에게 그 특성이 있다고 주장하며, 그 특성이 부족한 사람들을 폄하하는 세 가지 측면이 있다. 1980년대 영미권 팝 음악의 황금기를 장식했던 그룹 '듀란듀란Duran Duran'의 리드 싱어이자 작사가인 사이먼 르 봉Simon Le Bon은 농담조로 이렇게 말했다. "전 속물이 아니에요. 사람들에게 물어보세요. 대신 중요한 사람들에게만요".

속물근성은 단순히 비싼 취향이나 세련된 감각을 구별하는 문제만은 아니다. 나처럼 이른바 '와인 속물'로 불리며 좋은 와인을 즐기고 심지어 고집한다 해도, 그 사람이 가진 편견prejudice• 의 정도에 따라 실제 속물이 될 수도 있고 아닐 수도 있다. 와인 세계에 빠져 있는 일부 소믈리에는 와인 지식에 지나치게 가치를 부여한 나머지 와인 지식이 부족해 보이는 손님들을 무시하는 경우가 있는데, 와인 업계에서는 이러한 태도를 '소믈리에 증후군'이라고 부른다.

속물근성은 다른 사람들에게 불쾌감을 줄 뿐 아니라 속

• 편견을 뜻하는 'prejudice'는 '미리 판단하다'라는 뜻의 라틴어 'praeiudicium'에서 유래한다.

물적인 태도를 가진 인물과 그의 업적, 그리고 그가 속한 조직에도 해가 될 수 있다. 영국 국회의원 제이컵 리스모그가 사립학교나 옥스브리지(옥스퍼드와 케임브리지 대학을 합쳐서 이르는 말)에 다니지 않은 사람들을 '화분 식물potted plants'* 에 비유한 것은 자신과 자신의 정당은 물론이고 영국 의회에도 아무런 득이 되지 않았다.

속물근성은 경직된 사고방식을 드러내고, 더 나아가 잘못된 판단을 초래한다. 엘리트 교육을 받았음에도 나치 이데올로기에 동조한 과거 영국의 일부 귀족들이 그랬다. 그들의 사고는 단순히 경직된 정도가 아니라 아예 정상 범주를 벗어나 있었다. 그들은 다른 사람들을 출생, 직업, 억양과 같은 피상적이고 비본질적인 기준에 따라 분류해 그러한 기준에 부합하면 포용하고 아니면 폄하했다.

- 수동적이고 무기력하며, 아무런 영향력이나 역할을 하지 못하는 사람을 의미한다.

결혼 풍속도-4. 화장대 앞에서 1743-1745 © Artvee

윌리엄 호가스 William Hogarth

이 작품은 총 6개 그림의 연작으로 결혼을 통해 부와 지위를 과시하려는 상류층의 허영과 속물근성을 신랄하게 풍자한 것으로 유명하다.

"진정한 속물은 결코 멈추지 않는다. 항상 더 높은 목표를 추구해야 하고, 동시에 더 많은 사람들을 비웃어야 한다."

_러셀 라이너스•

특정 상표에 집착하는 와인 애호가처럼, 속물은 진정한 가치나 특성, 독창성을 놓치기 쉽다. 속물적인 사람은 삶의 다양한 가치와 즐거움을 끊임없이 깎아내리고 자신의 기준

• 미국의 편집자, 비평가, 에세이스트.

이나 관점에 맞지 않는 것은 진정으로 즐기지 못하기 때문에 그런 사람과 함께 있으면 너무 재미가 없다.

한편, 속물근성과 밀접한 관련이 있으면서 같은 문제점을 안고 있는 것이 이른바 '역(逆) 속물근성'이다. '역 속물근성'은 속물들이 높이 평가하는 특성들을 경멸하고, 진심이든 가식이든 대중적이고 평범하며, 흔한 것들을 찬양하는 태도를 말한다. 그리고 이런 태도는 예컨대 단지 선거에서 이기기 위한 목적만은 아니다. '역 속물근성'은 더 높은 사회적 지위, 더 우월한 위치에 있거나 그런 태도를 보이는 사람들에 대한 '자아 방어ego defence'의 수단으로도 이해할 수 있다. 실제로 한 사람이 속물근성과 '역 속물근성'의 태도를 동시에 보이는 것은 얼마든지 가능하고 흔한 일이다.

하지만 속물근성 자체는 어떨까? '역 속물근성'과 마찬가지로 속물근성도 사회적 불안감의 한 증상으로 해석할 수 있다. 사회적 불안감은 주로 어린 시절의 경험에 뿌리를 둔다. 특히 자신이 다른 사람들과 다르다는 이유로 느끼는 수치심이나 당연히 누릴 자격이 있다고 생각한 특권이나 권리가 실현되지 못했을 때 느끼는 불안감 등이 원인이 될 수 있다. 또는 급격한 사회적 변화도 원인이 될 수 있다. 예를 들어, 영국에서 브렉시트Brexit가 실시된 이후, 또 미국에서 도널드 트럼프가 대통령에 당선된 이후 기존 엘리트들의 영향력이 줄어들면서 사회의 모든 측면에서 속물근성과 '역 속물근성'이 들끓었다.

비슷한 맥락에서 일부 속물근성은 점점 더 평등해지는 사회에 대한 반작용으로서 실제로 우월한 사람들이 있고, 이 사회는 그런 사람들이 통치하기에 더 적합하며, 그들의 통치가 더 나은 결과를 낳는다는 인간의 뿌리 깊은 믿음에서 비롯된 것일 수 있다. 물론 이러한 믿음이 있다고 해서 반드시 속물이라고 볼 수는 없다. 그런 점에서 속물근성은 계급 감시와 통제의 메커니즘으로 작용할 수 있고, 역설적으로 '역 속물근성'도 기존 사회 계층을 강화하는 데 긍정적이거나 부정적으로, 혹은 긍정적인 동시에 부정적으로 기여할 수 있다.

때때로 속물근성은 자기애성 인격장애나 더 넓은 범위의 정신병이 발현한 것일 수 있다. 그런 점에서 속물근성을 해소하는 방법의 하나는 공감, 즉 속물을 포함한 타인에 대한 공감이다. 작가 휴 킹스밀Hugh Kingsmill은 속물근성에 대해 "사람들을 분열시키고자 하는 욕망에서 비롯되어 사람들을 하나로 묶어주는 것에 가치를 두지 않게 하는 것"이라고 했다.

'이성은 정념의 노예일 뿐'이라고 했다. 속물근성을 완화하기 위해 정서적 공감을 활용하는 것은 긍정적 감정이 긍정적 사고로 이어지는 훌륭한 예시다.

07

굴욕감 Humiliation

| 인간의 존엄성을 무너뜨리는 심리적 폭력 |

당혹감, 수치심, 죄책감, 굴욕감 같은 감정은 어떤 사회나 문화 내에 가치 체계가 존재한다는 것을 암시한다. 수치심과 죄책감이 내가 나의 행동이나 성격을 평가한 결과로 생기는 감정이라면, 당혹감과 굴욕감은 다른 사람들이 나를 어떻게 평가하는지에 대한 인식, 혹은 그 평가에 대한 상상만으로도 생기는 감정이다. 다시 말해서 수치심과 죄책감이 나의 관점에 달렸다면, 당혹감과 굴욕감은 타인의 관점에 달렸다. 하지만 당혹감은 자발적으로 느끼는 것이고, 굴욕감은 타인에 의해 강제로 느끼게 되는 감정이다.

예를 들어보자. 제이미라는 학생이 깜빡 잊고 숙제를 해오지 않았다. 학교에 가서 선생님에게 그 사실을 말할 때

제이미는 당혹감을 느낄 것이다. 선생님이 반 학생들 앞에서 그 사실을 말한다면 제이미는 더 큰 당혹감을 느낄 수 있다. 이제 선생님은 제이미에게 교실 뒤로 가서 벽을 보고 서 있으라고 하고, 반 친구들이 그 모습을 보고 키득거린다면 제이미는 굴욕감을 느낄 것이다. 반면에 선생님이 조용히 제이미에게 낙제 점수를 준다면 제이미는 기분은 상하겠지만 굴욕감은 느끼지 않을 것이다. 이처럼 기분이 상하는 감정은 주로 신념과 가치관의 충돌과 관련된 인지적 감정이고, 굴욕감은 훨씬 더 본능적이고 실체적인 감정이다.

'굴욕'을 의미하는 'humiliation'은 '흙'이나 '먼지'를 의미하는 라틴어 'humus'를 어원으로 한다. 굴욕감은 사람의 명예와 존엄성을 떨어뜨리고, 더 나아가 사회적 지위와 평판을 잃게 한다. 모든 사람은 자신의 위치나 역할에 대해 기본적으로 정체성이나 자부심을 지닌다. 예를 들어 어떤 사람은 자신이 유능한 의사라는 데 자부심을 느낄 수 있고, 어떤 사람은 자신이 아이들을 키우며 행복한 결혼 생활을 하는 주부라는 데 자부심을 느낄 수 있다. 심지어 어떤 사람은 자신이 인간이라는 사실 자체에서도 자부심을 느낄 수 있다. 만약 우리가 어떤 일로 당혹감을 느낀다고 해서 이런 자부심이 크게 손상되지는 않는다. 혹은 손상된다고 하더라도 비교적 빠르게 회복할 수 있다. 하지만 굴욕감을 느끼는 상황이 발생했을 때 우리는 자신의 사회적 지위나 역할에 대한 자부심을 쉽게 회복할 수 없다. 그 자부심의 정당성 자체가 공격받았기 때문이다. 일반적으로 굴욕을 당한 사람은 큰 충격을 받아 말이 나오지 않으며, 자기 생각을 표현할 힘조차 잃게 된다.

간단히 말해서 굴욕감은 자신이 생각하는 사회적 지위나 역할이 다른 사람들 앞에서 부정되거나 무너질 때 느끼는 감정이다. 개인 차원에서 겪는 실패는 굴욕으로 느껴지기보다는 자신의 한계나 약점을 깨닫게 되는 고통스러운 경험으로 작용한다. 굴욕감을 느낄 만한 상황이 발생했을 때는 최대한 그런 상황이 공개적으로 처리되지 않도록 해야 한다. 사랑하는 사람에게 거절당하는 것은 감정적으로 상처가 될 수는 있지만, 굴욕적인 일은 아니다. 이에 비해 배우자가 아무렇지도 않게 바람을 피우고 그 사실이 공개적으로 알려진다면 그것은 대부분의 사람에게 매우 굴욕적인 일이다.

굴욕감을 느낀다고 해서 반드시 수치심을 느끼는 것은 아니다. 예수는 십자가에 못 박히고 굴욕을 당했지만 수치심을 느끼지는 않았을 것이다. 확고한 신념과 용기를 가진 사람들은 본질적으로 자신과 자신의 주장을 불신하려는 시도로 굴욕을 당해도 수치심을 잘 느끼지 않는다.

굴욕은 오늘날에도 처벌, 학대, 억압의 수단으로 자주 사용되고 있다. 굴욕에 대한 두려움은 범죄를 막는 강력한 억제 요인이며, 역사적으로 공개적인 장소에서 굴욕감을 느끼게 하는 다양한 형태의 처벌이 존재했다.

© 위키미디어 커먼스, 독일 연방 기록보관소 자료

1944년 파리에서는
나치에 협력했다는 혐의를 받은 여성들이
머리를 삭발당하고 얼굴에 나치 문양이 새겨진 채로
맨발로 거리를 행진하며 공개적으로 모욕을 당했다.

전통적으로 일부 문화에서는 굴욕감을 느끼게 하는 의식을 특정 사회 질서를 강화하는 목적으로 사용했다. 신참자를 골탕 먹이고 괴롭히는 신고식 문화와 마찬가지로, 집단이 개인보다 우선한다는 사실을 강조하는 수단으로 굴욕을 활용한 것이다. 많은 부족 사회에서는 건강하고 생식 능력이 있으며 오만한 젊은 남성이 노인 남성층에 가하는 위협을 완화하기 위해 복잡한 통과의례를 시행한다. 이러한 의식에서는 고통스러운 할례가 행해질 수 있는데, 이는 남성성을 통제하거나 제한하는 상징적 의미를 담고 있다.

더 복잡하고 계층적인 사회에서 지배층은 자신의 사회적 지위를 과시하고 방어하기 위해 많은 노력을 기울이는 반면, 하층민들은 일정한 정도의 굴욕을 받아들인다. 그러나 사회가 평등해질수록 이러한 굴욕적인 의식은 점점 더 반감과 저항을 불러일으켜 폭력적인 혁명이 일어나기도 한다.

●■◤

누군가에게 굴욕감을 주기 위해 반드시 폭력적이거나 강제적인 방법이 사용될 필요는 없다. 더 수동적이고 은밀한 방식으로도 굴욕감을 느끼게 할 수 있다. 예를 들면 상대를 무시하거나 못 본 체하고, 그 사람의 권리나 특권을 단지 인정하지 않는 것으로도 굴욕감을 줄 수 있다. 거부, 버림, 학대, 배신의 방식도 굴욕감을 줄 수 있다.

굴욕적인 상황은 누구에게든지, 그리고 언제든지 일어날 수 있다. 특히 소셜 미디어가 발달한 현대 사회에서는 그 가능성이 더욱 커졌다. 크리스 휸Chris Huhne은 2010년부터 2012년까지 영국의 에너지 및 기후변화 장관을 역임하였으며 자유민주당Liberal Democrat Party의 유력한 차기 지도자로 오랫동안 거론된 인물이었다. 그러나 2012년 2월, 그는 2003년의 속도위반 사건과 관련해 사법 절차를 방해한 혐의로 뒤늦게 기소당했다. 크리스 휸의 전 부인이 휸의 불륜으로 결혼 생활이 파탄에 이르자 남편에 대한 복수심으로 과거의 일을 폭로하며 나섰기 때문이다. 2013년 2월 재판이 시작되자 휸은 혐의를 인정하고 국회의원직을 사임했으며 추밀원에서도 물러났다. 결국 그는 징역형을 선고받아 감옥에 갇히는 신세가 됐고 모든 정치 경력을 포기해야 했다. 그의 몰락과 굴욕은 더할 나위 없이 처참했다.

●■◤

굴욕감을 느끼는 사람은 심리적으로 매우 위축될 수 있다. 그래서 굴욕을 당한 상황과 굴욕을 준 사람들에 대해 몇 달, 때로는 몇 년 동안 끊임없이 생각하고 집착할 수 있다. 그로 인해 분노나 복수심에 사로잡히고, 때로는 범죄, 심지어 테러와 같은 극단적인 행동을 저지를 수도 있다. 또한 그 트라우마를 내면화해서 공포, 불안, 회상, 악몽, 불면증, 편집증, 사회적 고립, 무관심, 우울증, 자살 충동과 같은 감정적 장애를 겪을 수 있다. 극심한 굴욕감은 단순히 생명을 앗아가는 죽음보다 더 끔찍할 수 있다. 그래서 교도소 수감자 중에서 심한 굴욕을 겪은 사람들은 일반적으로 자살 감시 대상에 포함된다.

굴욕의 본질은 피해자가 가해자로부터 자신을 방어할 수 있는 능력을 무너뜨린다는 데 있다. 어쨌든 분노나 폭력, 복수는 이미 입은 피해를 되돌리거나 회복하는 데 거의 도움이 되지 않기 때문에 굴욕의 상처를 치유하거나 상황을 개선하는 효과적인 대응이 될 수 없다. 굴욕을 경험한 사람들은 그런 상황을 받아들이는 법을 배우기 위해 힘과 자존감을 찾아야 하며, 그것이 너무 어렵다면 자신이 지금까지 살아온 삶을 버리고 새롭게 시작하는 방법밖에 없다.

이번 장을 쓰면서 내가 굴욕을 당한 사람들을 나도 모르게 '피해자'로 지칭하고 있었다는 것을 깨달았다. 이것만 보더라도 상대에게 굴욕감을 주는 것은 결코 정당화될 수 없는 행동이다.

08

겸손 Humility

| 오르기를 바란다면 먼저 낮아져야 한다 |

'겸손humility'의 의미를 정확히 이해하려면 먼저 '겸양modesty'과의 차이를 알아야 한다. 겸양을 뜻하는 'modesty'는 'modus'에서 유래했는데, '행동과 태도를 조심하는 것'을 뜻한다. 즉, 겸양은 자신을 과시하거나 눈에 띄게 드러내려는 것을 피하고, 주목받기를 꺼리는 태도를 말한다.

겸양은 종종 자연스럽지 않고 인위적인 태도일 수 있으며, 진실하지 않거나 위선적인 면도 내포할 수 있다. 찰스 디킨스의 《데이비드 코퍼필드》라는 소설에서 유라이어 힙Uriah Heep이라는 인물은 다른 사람에게 아첨하고 겸손한 태도를 보이지만, 실제로는 자신의 큰 야망을 감추기 위해 그렇게 행동한다. 따라서 겸양은 때때로 겸손처럼 보일 수 있지만 실은 피상적이고 외적인 태도에 가깝다. 다시 말해 겸양은 겸손처럼 깊이가 있거나 도덕적인 의미가 있다기보다는 훈련된 좋은 예절에 불과하다.

반면, 진정한 겸손은 인간의 본질에 대한 올바른 시각, 즉 인간은 치즈 부스러기에 핀 곰팡이 포자처럼 거대한 우주 안에 던져진 미미한 존재일 뿐이라는 시각에서 비롯된다. 진정으로 겸손한 사람들은 자신의 존재가 얼마나 소소한지를, 또는 거의 존재하지 않는다고 느껴질 정도로 하찮다는 것을 깊이 인식하고 있다. 먼지 알갱이들이 떠오르고 가라앉을 때 서로 영향을 주고받지 않듯이, 진정으로 겸손한 사람들은 자신을 다른 사람들과 비교하는 데 집착하지 않는다. 그들은 개인적인 이익이나 외적인 이미지를 추구하는 것이 아니라, 그저 삶 자체를 위해 산다.

●■◤

겸손한 사람들은 겸손함에 너무 열중한 나머지 때때로 오만해 보일 수 있다. 기원전 399년, 70세의 소크라테스는 신성을 모독했다는 이유로 재판을 받았다. 그는 '하늘 위에 있는 것과 땅 아래에 있는 것을 연구하고, 약한 논쟁을 강한 논쟁으로 만들고, 이런 것들을 다른 사람에게 가르쳤다' 라는 혐의를 받았다. 재판에 서게 된 그는 배심원들에게 그들이 부와 명예를 갖는 것에 집착하는 반면, 지혜와 진리 그리고 영혼의 상태에는 관심을 두지 않는다고 말하며 자신을 강력하게 변호했다. 그럼에도 결국 유죄 판결로 사형 선고를 받은 소크라테스는 501명의 배심원 앞에서 이렇게 말했다.

여러분은 제가 변론이 부족해서 유죄 판결을 받았다고 생각할 겁니다. 제가 할 수 있는 모든 말과 행동을 다 했다면 죽음을 피할 수 있었다고 생각할지도 모르죠. 그러나 저는 절대 변론이 부족해서 유죄 판결을 받은 것이 아닙니다. 저는 여러분이 원하는 방식으로 울고불고 애원하며 여러분이 다른 사람들에게서 늘 들어왔던 말과 행동을 할 만큼의 대담함이나 뻔뻔함이 없고, 그럴 의향도 없습니다. 그리고 그것들은, 다시 말하지만, 제게 어울리지 않는 모습입니다. 저는 위기의 순간에 저속하거나 비열한 행동을 해서는 안 된다고 생각합니다. 그리고 지금도 제 변론 방식에 대해 후회하지 않으며, 차라리 제 방식대로 말하고 죽는 것이 여러분의 방식대로 말하고 살아남는 것보다 낫다고 생각합니다.

소크라테스는 실제로 재판에서 겸손함이 부족했을까? 겸손함을 너무 강조한 나머지 역설적으로 오만하게 행동했을까? 그는 순교자로 죽음으로써 자신의 가르침이 후대에 영원히 남을 것으로 생각해서 죽음을 원했을지도 모른다. 그래서 어쩌면 일부러 오만한 모습을 보였을지도 모른다. 여하간 겸손은 오만한 사람들에게는 오만으로 보일 수 있다. 그런 경우 겸손한 사람들은 자신의 겸손을 '겉으로 보이는 겸양' 아래에 숨겨야 할지도 모른다. 하지만 재판에서 소크라테스는 겸손을 가장하려는 태도를 보이지 않았고, 그 결과 오만하게 보일 수도 있는 쪽을 기꺼이 선택했다.

겸손이 자신을 낮추고 어떤 일이나 상황이 자신을 중심으로 돌아가지 않게 하려는 태도를 말한다면, 겸양은 다른 사람을 드높여서 자신이 공격받을 가능성을 없애는 것이다. 겸손한 사람들은 실제로는 자아가 강하기 때문에 때로는 겸양이라는 외적인 태도를 더 견고하게 할 필요가 있을지 모른다.

소크라테스처럼 겸손하지만 때때로 오만해 보일 수 있는 사람은 또 있다. 유명한 사상가와 예술가들 사이에서 그러한 오만함이 나타나는 경향이 있다. 심지어 모든 것을 의심하는 신중한 태도를 지녔던 데카르트에게도 그런 면이 있었다. 그는《방법서설》의 부록에서 "내가 다른 사람들을 위해 발견의 즐거움을 남겨두려고 일부러 생략한 것들에 대해서도 후세가 너그럽게 평가해 주기를 바란다"라고 했다.

●■◤

성 아우구스티누스는 겸손을 다른 덕목들의 출발점이자 기초라고 생각했다. 즉, 겸손하지 않으면 덕목의 외형만 있을 뿐, 진정한 덕목 자체는 가질 수 없다고 여겼다. 그는 사람들에게 이렇게 설교했다.

오르기를 바란다면 먼저 낮아져야 합니다. 구름 위로 솟은 탑을 세우고자 한다면 먼저 겸손함의 기초를 닦아야 합니다.

마찬가지로 불교에서 겸손은 수행의 중요한 부분이자 수행의 결과다. 즉 겸손을 완성하지 않고서는 깨달음을 얻을 수 없다. 도교에서 겸손은 자비, 검소와 함께 '삼보三寶', 즉 기본 덕목 중 하나다. 이슬람의 경우, '이슬람'이라는 단어 자체가 '(신의 뜻에 대한) 복종'을 의미한다.

모든 철학자가 겸손을 높이 평가한 것은 아니다. 아리스토텔레스는 덕목의 목록에 겸손을 포함시키지 않았고, 데이비드 흄과 니체는 겸손을 비난하기까지 했다. 흄은 평소 온화한 성격으로 알려졌지만, 그의 저서 《도덕원리에 대한 탐구》에서는 강한 어조로 이렇게 말한다.

독신, 금식, 참회, 고행, 자기 부정, 겸손, 침묵, 고독, 그리고 수도자적인 모든 덕목들, 이러한 것들이 지각 있는 사람들에 의해 도처에서 거부되는 이유는 무엇인가? 어떤 방식으로든 유익하지 않기 때문이다. 이 덕목들은 세상에서 사람의 운명을 발전시키지도 못하고, 사람을 더 가치 있는 사회의 일원으로 만들지도 못하며, 사람들과의 교류를 위한 자격을 갖추게 할 수도 없고, 자기만족의 능력을 키우지도 못한다. 우리는 오히려 이 덕목들이 이러한 바람직한 목적에 반대되는 효과를 낸다는 것을 관찰한다. 그것들은 이해력을 둔하게 하고, 마음을 무디게 하며, 상상력을 흐리게 하고, 성격을 심술궂게 만든다. 그러므로 우리는 당연히 이 덕목들을 반대의 항목으로 옮겨, 악덕의 목록에 포함시킨다.

한편, 니체에게 현대 사회는 과거 그리스·로마 시대의 가치관인 '주인의 도덕Master morality'에 대한 유대-기독교적 가치관인 '노예의 도덕Slave morality'의 승리를 상징한다. 주인의 도덕은 사회적 강자들로부터 생겨났으며 자부심, 고귀함, 용기, 진실성, 신뢰와 같은 가치가 중요하다. 반면에 노예의 도덕은 강자에 억압받는 다수의 평범한 사람들이 반응하여 형성된 것으로 겸손, 온순함, 동정심, 비겁함, 소심함과 같은 가치를 특징으로 한다. 주인의 도덕에서 선善은 주인에게 유익한 것이며, 노예의 도덕에서 선은 주인들을 억제하고 무력하게 만드는 것이다. 노예의 도덕은 온순함이 마치 도덕적 선택인 것처럼 꾸며서 무력함과 굴종을 미덕으로 이상화한다. 따라서 자부심은 악덕이나 죄가 되고, 겸손은 미덕으로 격상되며, 하나님의 아들이 제자들의 발을 씻기고 평범한 범죄자처럼 십자가에 못 박히는 것이 허락된다.

노예의 도덕은 냉소적이고, 비관적이며, 기존의 도덕적 가치 체계를 뒤집는 방법으로 주인의 도덕을 체계적으로 무너뜨리려 한다. 노예의 도덕은 주인의 도덕을 초월하려는 것이 아니라, '사제의 복수심priestly vindictiveness'• 을 통해 강자들에게 그들의 힘이 악이라고 설득함으로써 그들을 무력화하고 노예로 만드는 것을 추구한다.

• 니체의 사상에서 자주 등장하는 표현으로, 사제 계급priestly caste이 강자('주인의 도덕' 체계)에 대해 자신들의 약함과 무력함을 원한으로 전환하여 복수를 실행하는 방식.

민주주의는 자유와 평등을 중시한다는 점에서 실제로 기독교의 영향을 받았다. 많은 민주주의자가 민주주의의 기원을 고대 아테네로 돌리고자 하지만, 그 도덕적 뿌리는 기독교에 더 가깝다. 그렇다고 하더라도 옛 그리스·로마의 도덕은 완전히 사라지지 않았고, 여전히 유대-기독교적 도덕과 함께 경쟁하고 있다. 현대인은 이 두 가지 모순된 도덕 체계 사이를 오가며 끊임없이 혼란스러워한다. 혹은 기독교적 가치관에도, 고대 그리스·로마의 가치관에도 속하지 않으면서 명확하게 정의되지 않은 중간 지대에서 표류하고 있다.

●■◤

니체의 '주인-노예' 이분법은 논쟁적이면서도 깊이 생각해볼 가치가 있지만, 그와 흄은 겸손을 겸양과 혼동하고 있는 것 같다. 겸손과 겸양은 모두 자신을 낮추고 욕망을 억제하는 특성이 있지만, 겸양은 주로 다른 사람들의 감정을 배려하거나 상황에 맞추기 위해 자신을 낮추는 것이고, 겸손은 더 높은 진리를 추구하고 자신을 발전시키기 위해 자신을 낮추는 것을 의미한다.

겸손은 실수를 자연스럽게 인정하고 실수를 통해 배움을 얻는 기회를 창출하며, 대안적 관점과 가능성을 숙고하게 한다. 또한 다른 사람들의 자질과 기여를 인정하며, 그들의 정당한 권위를 존중하고 따를 수 있는 여유를 준다.

제자들의 발을 씻는 그리스도 1720 © Artvee
니콜라 베르탱 Nicolas Bertin

"강과 바다가 능히
모든 골짜기의 왕이 될 수 있는 까닭은
스스로 낮은 곳에 있기 때문이다."
_노자 《도덕경》

09

감사 Gratitude

| 내가 이미 가진 것에 대한 고마움 |

'감사'를 뜻하는 영어 'gratitude'는 '은총'을 의미하는 라틴어 'gratia'에서 나온 말이다. 감사는 현대 사회에 들어서 점점 사라져가는 덕목 중 하나이다. 소비주의 사회에서 우리는 부족한 것이나 남들보다 가지지 못한 것에 더 많이 집중하는 경향이 있지만, 감사는 이미 가지고 있는 것에 대해 고마움을 느끼는 감정이다. 더 나아가, '감사하다'는 감정은 우리 삶의 좋은 것들이 우리가 한 일에 대한 보상이나 대가가 아닐 수도 있음을 인식하는 것이다. 감사는 단순히 다른 사람에게 예의를 갖추거나 이익을 얻기 위한 행동이 아니라, 복잡하고 세련된 도덕적 성향이다.

우리는 누군가에게 신세를 졌거나 혜택을 받았을 때 느끼는 감정과 진정한 감사를 같은 것으로 혼동하기 쉽다. 하지만 '은혜로움indebtedness'이라는 감정은 은혜를 입은 사람이 자신에게 은혜를 베푼 이에게 어떤 방식으로든 보답하거나 보상해야 한다고 느끼는 책임감이나 의무감에 가깝다. 감사와 달리, 이런 '빚진 감정'은 은혜를 입은 사람이 은혜를 베푼 사람을 피하거나 심지어 원망하게 만들 수 있다. 로마의 스토아 철학자 세네카의 말로 표현하자면,

어떤 사람들은 빚이 많을수록 더 큰 증오를 품는다. 작은 빚은 단순히 채무 관계를 형성하지만, 큰 빚은 빚을 진 사람을 적으로 만든다.

어떤 혜택이나 이득이 예상치 못한 것일 때, 또는 더 높은 사회적 지위에 있는 사람이 혜택이나 이득을 베풀 때 우리는 감사함을 더 크게 느낀다. 하지만 어떤 혜택이 당연하게 여겨지면 혜택을 받은 사람이 그 혜택과 혜택을 제공한 사람을 하찮게 여기는 경향이 있다. 이는 오래된 인간관계에서 흔히 나타나는 특징이다. 그래서 꾸준히 선물이나 호의를 제공할 때는 일정한 패턴을 따르지 않고 불규칙하고 예측할 수 없게 하는 것이 더 효과적일 수 있다.

또한 감사함은 혜택을 베푸는 사람이 감동을 줄 때 더 크게 느껴진다. 우리는 감정이 움직이지 않으면 깊은 감사gratitude보다는 얕은 감사appreciation로 반응하게 되는 경향이 있다. 따라서 선물을 줄 때는 마음이 담긴 카드를 함께 주는 것이 더 좋다. 같은 이유로, 우리가 마음 깊이 기억하고 존경하는 선생님들은 단순히 지식을 많이 전달해 준 사람이 아니라 우리에게 감동과 영감을 준 사람들이다.

감사는 우리 자신을 넘어선 무언가에 경의를 표함으로써 우리보다 더 큰 존재, 우리를 돌보는 자애로운 존재와 연결될 수 있게 한다. 감사는 우리의 시선을 바깥으로 향하게 하여 삶이라는 선물에 눈을 뜨게 한다. 삶은 당연하게 여길 것이 아니라 기뻐해야 하고 감사해야 하는 대상이다. 감사는 우리를 기쁨, 평온, 자각, 열정, 공감으로 이끄는 동시에 그것들과 근본적으로 양립할 수 없는 불안, 슬픔, 외로움, 후회, 시기심에서는 멀어지게 한다. 이를 통해 우리는 자신에게 부족하거나 자신이 가지지 못한 것, 또는 갈망하는 대상에서 벗어나게 된다. 그리하여 이미 자신이 가진 것과 자신을 둘러싼 풍요로움, 그리고 무엇보다 삶 자체, 즉 모든 기회와 가능성의 근원으로 초점을 옮길 수 있다. 독수리처럼 높은 곳에서 모든 것을 조망하고 신과 같은 초월적인 시각으로 세상을 보는 이런 관점은 우리가 자신만을 위한 삶에서 벗어나, 삶 그 자체를 위해 살아갈 수 있게 한다.

바로 이러한 이유로 로마의 웅변가이자 철학자였던 키케로는 감사를 '가장 위대한 덕목이자 다른 모든 덕목의 어머니'라고 불렀다. 오늘날 과학은 키케로의 생각을 증명하고 있다. 연구에 따르면, 감사는 만족감, 동기 부여, 에너지 증가, 수면 및 건강 개선, 스트레스 및 슬픔의 감소와도 관련이 있다고 한다. 감사를 자주 표현하는 사람들은 주변 환경과 더 깊이 상호작용하게 되므로, 개인적으로 더 많이 성장하고 자신을 더 가치 있는 사람으로 인식하며 삶의 목적과 의미, 소속감을 더 강하게 느낀다.

우리는 과거나 현재뿐 아니라 미래에 생길 수 있는 좋은 결과나 이득에도 감사할 수 있다. 미래에 대한 감사의 마음은 낙관적 사고를 길러주며, 낙관적 사고는 믿음이나 신념, 신앙으로 이어질 수 있다. 따라서 서양과 동양의 종교적 전통 모두에서 감사의 중요성을 강조하는 것은 놀라운 일이 아니다. 많은 기독교 교파에서 가장 중요한 의식은 성찬식 또는 '성체성사Eucharist'인데, 이 단어는 '감사를 드린다'를 의미하는 그리스어 '에우카리스티아eucharistía'에서 유래했다. 16세기 종교 개혁의 중심인물인 루터도 감사를 '기독교인의 근본적인 태도'라고 했다.

이에 반해, 단순히 감사의 감정이 적거나 없는 상태에서부터 카이사르를 암살해 배은망덕의 상징이 된 브루투스의 사례에 이르기까지, '감사함을 모르는 태도ingratitude'는 은혜를 베푼 사람의 노력을 인정하지 않고 무시하는 행위다. 이는 도덕적으로 잘못된 것이자 불경스럽고, 더 나아가 신(또는 삶 자체)을 모욕하는 것이다.

셰익스피어의《리어왕》에서 리어는 이렇게 외친다.

배은망덕하도다, 차가운 대리석의 심장을 가진 악마여,
그대는 바다의 괴물보다 더 끔찍하구나!
…
감사할 줄 모르는 자식을 두는 것은
뱀의 이빨보다 더 날카롭게 부모의 마음을 찌르는구나!

철학자 데이비드 흄은 "인간이 저지를 수 있는 모든 범죄 중에서 가장 끔찍하고 부자연스러운 것이 바로 배은망덕"이라고 말한다. 또한 임마누엘 칸트에게 배은망덕은 말 그대로 "사악함의 본질the essence of vileness"이다. 감사함을 모르는 태도는 이제 사람들 사이에서 대수롭지 않게 돼버렸지만, 그 결과 의무와 책임을 중시하기보다는 자신이 받아야 할 권리와 특권에만 집중하는 사회가 되었고, 그런 사회는 점점 더 규제와 감시에 의존하게 된다.

감사에는 많은 장점과 효과가 있지만 감사하는 마음을 기르고 유지하기는 쉽지 않다. 인간은 운명을 통제하고 싶어 하고, 성공을 자신의 공으로 돌리고 싶어 하며, 좌절은 남의 탓으로 돌리려는 성향이 있다. 그리고 무의식적으로 우주적인 평등이나 정의가 존재한다고 믿는 경향이 있어서 삶이 본질적으로 불공평하다는 사실을 받아들이기 어려워한다. 이러한 인간의 뿌리 깊은 특성은 감사함을 느끼는 데 방해가 된다.

인간은 본능적으로 감사한 마음을 가지기 어렵기 때문에 감사는 성숙, 더 정확히 말하면 정서적 성숙에 도달해야 얻을 수 있는 결과물이다. 정서적 성숙은 나이에 상관없이 도달할 수 있지만, 많은 경우 전혀 도달하지 못할 수도 있다. '감사합니다'라는 말을 앵무새처럼 따라 내뱉기만 배운 아이들은 감사의 진정한 의미는 이해하지 못하고 형식적으로만 말하는 어른이 된다. 많은 사람이 자신의 이득을 위해서 또는 사회적으로 '적절한 행동'이기 때문에 감사를 표하거나 그와 비슷한 표현을 한다. 감사함을 드러내는 것은 좋은 예절이지만, 진심이 담기지 않는다면 허울 좋은 가식에 불과하다.

진심에서 우러난 감사는 고귀한 덕목이지만 쉽게 찾아보기 힘들다. 이솝 우화 중에는 한 노예가 사자의 발에서 가시를 뽑아주는 이야기가 있다. 얼마 후 노예와 사자가 붙잡혔고, 노예는 사자에게 던져졌다. 굶주린 사자는 노예를 향해 달려들었지만, 그가 가시를 뽑아준 사람임을 알아보고는 무릎을 꿇고 그의 얼굴을 핥았다. 이 이야기는 "감사는 고귀한 영혼의 표시다"라는 말로 끝맺음한다.

모든 덕목이 그렇듯이, 감사함을 갖는 것 또한 "모든 것이 감사합니다"라고 말할 수 있는 날이 올 때까지 끊임없이 연습하고 길러야 하는 덕목이다.

안드로클레스와 사자 1902 © Artvee
장 레옹 제롬 Jean-Léon Gérôme

"감사는 우리가 가진 것을 충분함으로 바꾼다."

_멜로디 비티Melody Beattie•

• 미국에서 가장 사랑받는 심리학 작가로 중독과 회복 및 공동 의존 관계에 관한 책을 집필했다.

10

시기심 Envy

|질투인 듯 질투 아닌, 결국 태도의 문제|

미국의 저술가 조지프 엡스타인은 '7대 죄악' 중에서 '시기심'만이 아무런 쾌락이나 즐거움이 없다고 지적했다. 시기심, 부러움, 선망을 뜻하는 영어의 'envy'는 라틴어 'invidia'에서 유래하는데, 이 단어는 '보지 못함'을 의미한다. 단테의 《신곡》 중 〈지옥〉 편에서 시기하는 사람들은 무거운 납으로 된 망토를 입고, 또 눈꺼풀은 납으로 된 실로 단단히 꿰매지는 고통을 겪는데, 이는 시기심이 사람의 시야를 흐리게 하고 맹목적인 상태를 초래한다는 것을 상징한다.

시기심은 다음 세 가지 조건이 충족될 때 생긴다. 첫째, 내가 갖지 못한 소유물이나 자질, 성취 등의 무언가를 가진 사람과 자신을 비교한다. 둘째, 그 무엇을 나 자신도 원해야 한다. 셋째, 그것 때문에 개인적으로 괴로움을 느껴야 한다. 시기심이 '개인적으로 괴로운' 이유는 분노나 부당함처럼 상대를 향하는 감정들과는 다르게, 시기심은 자신에게 더 깊이 영향을 미치는 감정이기 때문이다. 한마디로 시기심은 다른 사람이 가진 이점을 욕망해서 발생하는 자신의 괴로움이다. 작가 넬슨 W. 올드리치 주니어Nelson Wilmarth Aldrich Jr.는 《올드 머니Old Money》에서 시기심으로 인한 고통을 "마치 심장의 펌프가 공기를 빨아들이는 것처럼, 내면에서 거의 미칠 듯이 강렬한 공허함을 느끼는 감정"으로 묘사했다. 시기심은 심술궂고 치졸하며 '7대 죄악' 중 가장 부끄러운 감정일 것이다. 특히 시기심이라는 감정은 사람들이 잘 드러내려 하지 않고, 심지어 잘 인정하지도 않는다.

영어의 'envy'와 'jealousy'는 비슷한 의미로 간주되지만•, 사실 둘은 미묘하게 다르다. 'envy'가 다른 사람의 이점을 욕망하면서 생기는 개인적 고통이라면, 'jealousy'는 자신의 이점을 다른 사람에게 빼앗길까 두려워하거나, 다른 사람과 나눠야 한다는 두려움에서 오는 개인적 고통이

• 'envy'는 주로 '시기심, 부러움, 선망'의 의미로, 'jealousy'는 '질투'의 의미로 쓰인다.

다. 간단히 말해서 'envy'는 탐욕에 가깝고, 'jealousy'는 소유욕에 가깝다. 'jealousy'라는 감정은 연인 관계뿐 아니라, 친구, 평판, 전문성 등 다양한 상황에서 나타날 수 있다. 'jealousy'는 'envy'와 비교했을 때 인정하기가 더 쉽기(혹은 덜 어렵기) 때문에 둘 중에서는 상대적으로 덜 나쁜 감정일 수 있다.

시기심은 인간의 본성에 깊이 자리 잡고 있으며, 시대와 문화에 상관없이 모든 사람이 느끼는 보편적인 감정이다. 과거에 사람들은 신들에게 시샘 받는 것을 두려워했고, 신들을 달래기 위해 세심한 의식을 행하며 제물을 바쳤다. 그리스 신화에서 트로이 전쟁을 촉발한 것도 아프로디테를 향한 헤라의 시기심 때문이었다. 성경에서는 카인이 시기심 때문에 아벨을 죽였고, "악마가 시기하여 죽음이 세상에 들어왔다"• 고 한다.

• 가톨릭 성경 〈지혜서〉 2장 24절.

아벨을 죽이는 카인 1608-1609 ⓒ 위키미디어 커먼스
페테르 파울 루벤스 Peter Paul Rubens

"평온한 마음은 육신의 생명이나,
시기는 뼈를 썩게 하느니라."
_〈잠언〉 14장 30절

시기심은 보통 우리가 자신의 비교 대상이거나 경쟁 대상이라고 생각하는 사람들을 대상으로 한다. 영국의 철학자이자 역사가인 버트런드 러셀은 "거지들은 백만장자는 시기하지 않지만, 자기보다 더 잘나가는 거지들은 시기할 것이다"라고 말했다.

오늘날 사람들은 과거 어느 때보다 시기심을 더 많이 느끼고 있다. 평등의 시대는 다른 모든 사람과 자신을 비교하도록 부추기고, 소셜 미디어는 이를 너무나도 쉽게 만들어 우리의 시기심에 불을 지핀다. 소비주의와 경험주의라는 양대 기둥은 정신적이고 눈에 보이지 않는 것보다 물질적이고 눈에 보이는 것을 강조함으로써 시기심을 억제할 수 있는 대항의 수단을 약화시켰다.

시기심이 불러오는 괴로움은 단순히 다른 사람이 가진 것을 원하는 데는 발생하는 것이 아니라, 그것을 갖지 못했다는 열등감에서도 비롯한다. 아이러니하게도 시기심과 그것을 억제하려는 노력 모두가 우리의 잠재력을 발휘하는 데 방해가 된다. 시기심은 친구나 동료, 가장 가까운 관계에도 부정적인 영향을 미쳐 관계를 약화시키고 갈등을 일으킨다. 가질 수 없는 장난감은 차라리 부숴버리고 싶어 하는 어린아이의 심리처럼 시기심은 때때로 파괴적인 행동으로 이어지기도 한다. 시기심으로 인해 괴로움과 고통이 심해지면 우울증, 불안, 불면증 같은 정신 질환이나 전염병, 심혈관 질환, 암과 같은 신체 질환도 나타날 수 있다. 시기심은 말 그대로 사람의 정신적·신체적 에너지를 소진해버린다.

다른 사람의 성공을 진심으로 거리낌 없이 기뻐할 수 있는 사람은 많지 않다. 그렇지만 그 성공이 사소하거나, 실제로는 성공이 아니라 실패에 가깝거나, 혹은 더 큰 실패의 맥락 속에 있을수록 그 성공을 축하하거나 기뻐하는 것은 더 쉬워진다. 어떤 사람에게 시기심은 무관심, 반감, 경멸, 우월감, 나르시시즘과 같은 방어기제를 유발할 수 있는데, 이러한 태도들에는 다른 사람이 지닌 이점으로 인해 느껴지는 위협감을 최소화하기 위해 그 대상을 무시하고 경멸한다는 공통된 특징이 있다. 시기심에 대한 또 다른 방어기제 중 하나는 자신이 시기하는 사람에게 시기를 일으켜서 상대방이 나를 시기한다면 내가 상대방을 시기할 필요가 없다고 합리화하는 방법이다.

한편, 오랫동안 내면에 억눌린 시기심은 '르상티망 ressentiment'•으로 변할 수 있다. 이는 자신의 실패나 열등

• 억눌린 분노나 원한을 의미하는데, 특히 자신이 직접적으로 표출하거나 해결할 수 없는 상황에서 생기는 부정적인 감정이다. 이러한 감정은 개인이 사회적 혹은 도덕적 제약 때문에 직접적인 반응(복수나 대결)을 할 수 없을 때 내면화된다.

감에서 비롯된 고통을 이민자나 동성애자, 유럽연합과 같은 특정 집단에 전가하는 것이다.

사람들은 자신의 시기심을 감추기 위해 많은 노력을 기울인다. 그렇지만 시기심은 직접적으로 드러나지 않더라도 다른 사람의 불행을 기뻐하는 감정인 '샤덴프로이데schadenfreude'를 통해 간접적으로 나타날 수 있다. 이 단어는 독일어에서 왔으며 '해악harm'과 '기쁨joy'이 합쳐진 것으로, 다른 사람의 불행에서 느끼는 기쁨을 뜻한다. '샤덴프로이데'는 추락한 유명인이나 불명예스러운 일을 당한 정치인 등 가십으로 가득한 신문의 판매 부수를 올리는 데 도움이 된다. 또한 이 용어는 1740년대 독일에서 처음 사용됐지만, 그 감정 자체는 훨씬 오래전부터 존재해 왔다. 아리스토텔레스는 《수사학》에서 이 감정을 '에피카이레카키아epikhairekakia'라고 불렀는데, 아쉽게도 '샤덴프로이데'보다 발음하기가 더 어렵다.

이름이 무엇이든 〈잠언〉에서는 이 감정에 대해 명백하게 경고하고 있다.

네 원수가 넘어질 때에 즐거워하지 말며 그가 엎드러질 때에 기뻐하지 말라.

여호와께서 이것을 보시고 기뻐하지 아니하시며 그의 진노

를 옮기실까 두려우니라.[•]

시기심의 어원이 '보지 못함'을 의미하는 데서 알 수 있듯이, 이 감정의 근본적인 문제는 더 큰 상황이나 맥락을 보지 못하게 만든다는 것이다. 시기심에 사로잡힌 사람은 하늘의 별을 보고 항해하는 선장이 아니라, 거꾸로 된 망원경을 보며 항해하는 선장과 같다. 그런 선장이 모는 배는 방향을 잃고 이리저리 휩쓸리다 바위나 암초, 폭풍을 만나 난파하기 쉽다. 시기심은 우리를 좌절시킴으로써 더 큰 시기심을 불러일으키고, 그로 인해 또 다른 시기심과 근시안적 시야, 소심함이 반복되는 악순환에 빠져들게 한다.

●■◤

그렇다면 시기하는 마음은 어떻게 다스릴 수 있을까? 우리는 고급 차를 가진 친구를 부러워하면서도 그 차를 갖기 위해 친구가 얼마나 많은 노력과 희생을 했는지는 간과한다. 또 그 차를 소유하는 데 따르는 위험과 불편함도 고려하지 않는다. 그러나 미국의 시인이자 소설가인 찰스 부코

• 〈잠언〉 24장 17~18절.

스키Charles Bukowski는 "남의 여자를 부러워하지 마라. 그 이면에는 생지옥이 있다"라고 말한다.

인생에서 얻는 풍요로움은 우리가 소유한 것뿐 아니라 소유하지 못한 것에서도 온다. 우리는 종종 은행가나 헤지 펀드 매니저 같은 사람들이 사실상 자신의 성공을 위해 자기 영혼을 희생한다는 사실, 그리고 그로 인해 자신의 성공을 진정으로 즐길 수 있는 중요한 능력을 잃어버린다는 사실을 잊는다. 그런 빈 껍데기의 삶은 시기심의 대상이 아니라 동정의 대상이다. 시기심을 다스리려면 끊임없이 시각을 전환해야 하며, 그러기 위해서는 시기심으로 인해 놓치게 되는 관점을 되찾아야 한다.

그러면 아무런 노력이나 희생 없이 큰 유산을 물려받은 사람들을 어떻게 이해해야 하나? 힌두교의 관점에서 보면, 그런 '운 좋은 사람들'은 자신을 기르고 가르친 부모와 그 부모를 기르고 가르친 조부모의 과거 업보까지 포함해서 자기 몫을 누리고 있을 뿐이다. 때로는 복권 당첨자들의 경우처럼 어떤 사람들에게는 아무런 합당한 이유 없이 운이 따르기도 해서 우리의 시기심을 더욱 부추긴다. 하지만 운이란 본질적으로 시간이 지나면서 균등해지는 속성이 있다. 결국 우리가 서로를 시기하고 질투하는 것은 무의미하다. 길게 보면 우리는 대체로 우리가 받을 자격이 있는 것을 받게 되고, 그러다 보면 결국 누구든 운이 다하게 마련이다.

자연의 법칙은 모두에게 공평하다. 우리에게 부족한 무언가가 있다면, 그것을 보완하는 다른 무언가가 있을 것이다. 하지만 우리가 남들을 부러워하고만 있으면 우리가 가진 것을 누리기보다는 갖지 못한 것에만 집중하게 된다. 앞 장에서 살펴본 겸손과 감사와 같은 특성을 기르면 시기심을 자제하고 올바른 관점을 기르는 데 도움이 될 것이다.

결국 시기심은 태도의 문제다. 우리는 나보다 더 잘나거나 더 성공한 사람을 만나면 기쁨, 동경, 무관심, 부러움, 경쟁심 등 다양한 경로로 반응할 수 있다. 시기심은 다른 사람들이 가진 좋은 것을 내가 갖지 못할 때 느끼는 감정이며, 경쟁심은 내가 갖지 못한 좋은 것을 다른 사람들이 가지고 있을 때 느끼는 감정이다. 그 둘은 미묘하지만 중요한 차이가 있다. 시기심은 자신보다 나은 사람들로부터 배움을 통해 성장하고 발전할 기회를 막지만, 경쟁심은 자신보다 나은 사람에게 배움을 청함으로써 자신을 성장시킬 수 있다.

시기심은 부정적이며 자신에게 해가 되는 반면, 경쟁심은 긍정적인 방식으로 작용하여 자신의 발전과 성장을 촉진한다. 아리스토텔레스는 《수사학》에서 경쟁심은 자신이 아직 갖지 못한 어떤 좋은 것을 가질 자격이 있다고 믿는 사람들이 많이 느끼고, 특히 명예롭거나 고귀한 성품을 지닌 사람들이 가장 예민하게 느낀다고 말한다. 다시 말해서, 우리가 시기심을 느낄지 경쟁심을 느낄지는 우리의 자존감에 달려 있다.

11

탐욕 Greed

| 채워지지 않는 결핍을 좇는 왜곡된 욕망 |

탐욕은 공공의 이익이 아니라 개인의 (주관적인) 이익을 위해 적절하거나 마땅히 받아야 할 이상의 것을 욕심내는 왜곡된 욕망으로 종종 타인과 사회 전반에 해가 된다. 탐욕의 대상은 무엇이든 될 수 있지만 주로 음식, 돈, 소유물, 권력, 명성, 사회적 지위, 관심, 찬사, 성性 등이다.

탐욕은 부모의 일관성 없는 양육 방식, 방임 등 어린 시절의 트라우마가 원인이 될 수 있는데, 그런 트라우마가 있는 사람들은 성인이 된 후에도 자존감이 낮은 경향이 있다. 거기에 더해 불안감이 높고 물리적·정서적 스트레스에 취약한 상태가 되면 자신에게 부족했던 애정과 안정감을 채워줄 대체재에 집착하게 된다. 그 대체재를 얻기 위해 노력하다 보면 고통스러운 감정에서 잠시나마 벗어날 수 있고, 그것을 축적함으로써 일종의 위안과 심리적 보상을 얻는다.

탐욕의 또 다른 원인 중 하나는 그런 특성이 생존과 번식에 유리하게 작용했기에 우리 유전자에 새겨져 있기 때문이다. 최소한의 탐욕도 없다면 개인과 공동체가 자원을 충분히 확보하거나 축적하지 못해 자원이 부족해질 위험이 크고, 혁신과 성취를 이루기 위한 수단과 동기가 부족해져 예상치 못한 어려움이나 적의 위협에 쉽게 노출될 수 있다.

그런데 다른 동물보다 인간의 탐욕이 훨씬 더 발달한 이유는 뭘까? 인간은 미래를 멀리까지 내다볼 수 있고, 심지어 죽음 이후까지 상상할 수 있는 능력이 있기 때문이다. 죽음을 예상하거나 죽음을 의식하게 되면 삶의 목적과 가치, 존재의 의미에 대해 불안감이 생긴다. 이런 '실존적 불안감'을 낮추기 위해 우리의 문화는 삶과 죽음에 관한 서사를 만들어 제공한다. 실존적 불안이 의식 속에 떠오르려 할 때마다, 우리는 위안과 안정을 찾기 위해 문화에 의지한다. 오늘날의 문화는(혹은 문화의 부재는) 계속된 변화와 위기의 상태 속에서 물질만능주의를 높은 가치에 두고, 더 나아가 탐욕을 긍정적으로 평가한다. 탐욕이 지나치게 강조되다 보니 사람들은 이제 어떤 것을 성취하거나 소유해도 그 만족감이 오래가지 않고, 곧바로 다음 목표나 욕망을 추구하게 된다. 현대 사회에서 욕망은 만족감이 아니라 욕망 그 자체를 욕망한다.

탐욕은 본질적으로 맹목적이고 단순한 본능적 특성이지만 경제적으로나 사회적으로 더 나은 결과를 끌어낸다. 더 고차원적 특성인 이타주의와 달리, 탐욕은 본능적이고 보편적인 인간의 욕망이므로 현대의 소비문화와 잘 맞아떨어진다. 이타주의는 일시적인 찬사를 가져다줄 뿐이지만 사회적으로 더 큰 보상을 가져다주는 것은 탐욕이다. 탐욕이야말로 국가의 안정과 번영에 필수적인 물질적 재화와 경제 성장을 이루는 데 중요한 역할을 한다. 싫든 좋든 우리 사회는 탐욕을 원동력 삼아 움직이고 있으며, 탐욕이 없으면 곧 빈곤과 혼란에 빠질 것이다. 영광스러운 고대 아테네와 로마 제국을 포함해서 역사적으로 성공한 모든 사회의 근간에는 탐욕이 존재했고, 탐욕을 통제하거나 제거하려는 정치체제는 결국 실패로 끝났다.

1987년 영화 〈월 스트리트〉에서 마이클 더글러스가 연기한 고든 게코는 탐욕의 이점을 잘 설명했다.

탐욕은, 더 나은 표현이 없어서 이렇게 말하지만, 좋은 것입니다. 탐욕은 옳습니다. 탐욕은 효과적입니다. 탐욕은 명료하고, 저돌적이며, 진화의 본질을 포착합니다. 모든 탐욕 중에서도 인생, 돈, 사랑, 지식에 대한 탐욕은 인류를 도약시켰습니다.

노벨상을 받은 경제학자 밀턴 프리드먼은 사회 조직의 과제는 탐욕을 근절하는 것이 아니라 탐욕이 해를 가장 적게 끼치도록 제도를 마련하는 것이라고 주장했다. 그런 의미에서 자본주의는 가장 이상적인 체제였다.

탐욕은 좋은 면도 있지만 그 이면에는 해로운 면도 존재한다. 탐욕에 사로잡힌 사람들은 탐욕의 대상에 완전히 집착한다. 그들의 삶은 갈망하고 탐내는 것을 최대한 축적하려는 목표 말고는 거의 아무것도 남지 않는다. 심지어 그들은 적정한 수준의 욕구를 충분히 채운 뒤에도 그들의 욕망과 추진력을 더 가치 있거나 더 고차원적인 목표로 돌리지 못한다.

탐욕은 스트레스, 피로, 불안, 우울, 절망과 같은 부정적 심리와 상관관계가 있다. 또한 도박, 저장 강박, 절도, 사기, 부정부패와 같은 부정적 행동과도 관계가 있다. 탐욕은 이성理性, 연민, 사랑과 같은 친사회적 동력을 압도하거나 억누르기 때문에 가족과 공동체의 유대감이 약해지고 사회의 결속력과 가치가 훼손된다. 탐욕은 경제 성장의 원동력도 될 수 있지만, 과거 역사적 사례들이 분명하게 보여주었듯이 통제되지 않는 지나친 탐욕은 심각한 경제 불황을 초래할 수 있다. 이뿐만 아니라 현대의 소비문화는 자연에 심각한 피해를 계속해서 주고 있고, 그로 인해 산림 파괴, 사막화, 해양 산성화, 생물종의 멸종, 이상 기후 등의 문제가 발생하고 있다. 노골적인 탐욕이 지속된다면 단기적으로도 위험하지만, 장기적으로는 더욱 파괴적인 결과를 초래할 수 있다.

●■◤

탐욕은 삶의 궁극적인 목표, 또는 더 큰 차원의 가치나 존재를 보지 못하게 하기 때문에 주요 종교는 탐욕을 강하게 배척한다.

기독교 전통에서 탐욕은 '7대 죄악' 중 하나로, 영원한 가치를 버리고 세속적인 가치를 추구하는 우상숭배로 간주된다. 단테의 《신곡》 중 〈지옥〉 편에서 탐욕의 죄인들은 세속적인 재물에 집착하고 더 높은 가치를 소홀히 한 대가로 차가운 돌바닥에 엎드려 묶이는 형벌을 받는다.

불교에서는 갈망이 깨달음의 길을 막는 장애물이라고 말한다. 마찬가지로 〈마하바라타〉에서는 유디슈티라

Yudhishthira• 가 "죄가 어디에서 비롯되는가?"라고 묻자, 비슈마Bhishma•• 는 주저 없이 "탐욕에서 죄가 비롯된다"고 답한다. 가장 긴 서사시로 알려진 〈마하바라타〉의 제12권 제158장에서 비슈마는 유디슈티라에게 이렇게 말한다.

죄는 탐욕에서 비롯한다. 불경함도 탐욕에서 흘러나오며, 큰 불행도 마찬가지다. 또한 탐욕스러움은 세상의 모든 교활함과 위선의 근원이다. 사람이 죄를 짓게 만드는 것도 바로 그 탐욕스러움이다. 탐욕에서 분노가 생기고 욕망이 일어나며, 기만, 교만, 오만, 악의가 생긴다. 복수심, 파렴치함, 실패, 덕의 상실, 불안, 악행이 발생하고 인색함, 욕심, 모든 부적절한 행동에 대한 욕망과 출생·지식·아름다움·부에 대한 교만이 싹트며, 모든 생명체에 대한 무자비함과 모든 만물에 대한 증오가 시작된다.

가수 겸 작곡가인 릴리 앨런Lily Allen은 〈The Fear〉라는 노래에서 비슈마의 가르침을 좀 더 현대적이고 세속적인 방식으로 표현했다. 이번 장의 결론을 대신해 가사의 일부

• 〈마하바라타〉의 주요 인물이자 판다바 형제들의 첫째. 가장 도덕적이고 의로운 인물로 묘사되며 진실과 정의를 상징한다.

•• 쿠루 부족의 샨타누 왕과 강가 여신의 아들. 그의 이름은 '두려움 없는 자'라는 뜻으로 헌신, 희생 그리고 불굴의 의지를 상징한다.

를 소개한다.

난 부자가 되고 싶고 돈방석에 앉고 싶어.
똑똑한 건 바라지 않아. 재미없어도 괜찮아.

나는 '대량 소비 무기'야.•
내 탓이 아니야, 그렇게 작동하는 프로그램인 걸.

총과 탄약은 신경 쓰지 마.
어차피 나만의 방식으로 그들을 죽이고 있거든.

무엇이 옳은 건지 어느 게 진짜인지 이젠 모르겠어.
어떻게 느껴야 할지도 더는 모르겠어.
언제쯤 모든 게 명확해질까?
왜냐면 난 두려움에 사로잡혀 있으니까.

• 릴리 앨런은 'weapon of massive consumption'이라고 표현했는데, '대량 파괴 무기 weapon of mass destruction'라는 용어를 변형한 것이다. 현대 사회에서 사람들이 물질적 소비에 몰두하는 모습을 풍자하는 의미로 쓰였다.

세속적인 쾌락의 동산 1490~1510 ⓒ 위키미디어 커먼스

히에로니무스 보스 Hieronymus Bosch

이 작품은 탐욕, 허영심, 세속적 욕망이 인간을 타락으로 이끌 수 있음을 상징적으로 표현한다.

"금에 대한 저주받은 갈망이여!"

_베르길리우스 《아이네이스》

12

욕망 Desire

| 괴로움과 새로운 갈망을 낳는 끝없는 감정 |

욕망을 뜻하는 영어 'desire'와 운명을 뜻하는 'destiny'는 형태상으로나 어원적으로 거의 같은 단어다. 'desire'는 라틴어 'desiderare'에서 유래했는데, '간절히 바라다' 또는 '소망하다'를 의미한다. 그런데 'desiderare'는 더 오래된 라틴어인 'de sidere'에서 파생되었고, 이는 '별들로부터'라는 뜻이다. 따라서 'desire'의 원래 의미는 '별들이 가져다줄 무언가를 기다리는 마음'을 의미한다고 볼 수 있다. 힌두교의 《리그베다》• 에 따르면 우주는 빛이 아니라 원초적 씨앗이

• 고대 인도의 경전 중 하나로, 힌두교에서 가장 오래된 경전이다. 산스크리트어로 기록된 시詩들의 모음집이며, 주로 찬송가와 기도문으로 구성되어 있고, 우주와 신들, 인간의 본성, 의식 등을 주제로 다루고 있다.

자 영혼의 기원인 욕망에서 시작됐다.

욕망은 우리 안에서 끊임없이 생겨나고, 시간이 지나 어떤 욕망이 충족되거나 사라지면 곧이어 또 다른 욕망이 생겨난다. 만약 이렇게 끊임없이 이어지는 욕망이 없다면 우리는 더 이상 아무것도 할 이유가 없을 것이고, 무언가를 원할 능력을 잃은 사람들처럼 삶이 멈춰버릴 것이다. 욕망이 없어지면 단기적으로는 지루함을 느끼고, 장기적으로는 우울증에 빠질 수 있다.

우리를 움직이고, 우리에게 삶의 방향과 의미를 제공하는 것은 욕망이다. 당신이 어떤 이유에서든 이 책을 읽고 있다면 이 책을 읽고 싶은 욕망이 생겼기 때문이며, 그것은 당신이 이 책을 읽도록 동기를 부여한다. 심지어 '동기부여'를 의미하는 'motivation'은 'emotion'과 함께 '움직이다'라는 뜻의 라틴어 'movere'를 어원으로 한다.•

우리는 욕망에서 태어났다. 우리에게 욕망이 없었던 순간은 떠올릴 수 없다. 우리는 욕망에 너무 익숙해져 있어서 우리가 무엇을 욕망하는지조차 인식하지 못한다. 우리는 욕구가 너무 강렬하거나 평소와 다를 때, 또는 다른 욕구와

• 자세히 보자면 'emotion'은 라틴어 'emovere(밖으로 움직이다)'에서 유래했는데, 이는 'e-(밖으로)'와 'movere(움직이다)'의 조합이다.

충돌할 때만 그것을 인식하게 된다. 명상은 욕구 자체를 막아주지는 못하지만, 욕구가 일어나는 과정을 더 잘 이해할 수 있게 함으로써 불필요한 욕구에서 벗어나도록 도움을 줄 수 있다. 인도의 철학자이자 영적 스승인 지두 크리슈나무르티Jiddu Krishnamurti는 "자유란 결정의 행위가 아니라 이해의 행위다"라고 말했다.

잠시 이 책을 내려놓고 욕망의 흐름을 멈추려고 노력해보라. 욕망의 모순이 바로 여기에 있다. 욕망을 멈추려는 욕망조차 그 자체로 욕망이기 때문이다. 따라서 일부 동양 사상가들은 욕망이 사라진 상태, 즉 '깨달음'을 의도적인 수행의 결과가 아니라 '단순한 우연'으로 이해한다. 이 관점에 따르면 영적 수행은 반드시 깨달음에 이르도록 하는 것이 아니라, 그러한 상태에 도달할 '가능성을 높이는 것'이다.

●■◤

욕망이 곧 삶이라면 우리는 왜 욕망을 통제하기 위해 노력해야 할까? 이유는 간단하다. 삶을 더 즐겁고 건설적인 방향으로 나아가게 하고, 고통스럽고 파괴적인 요인은 최대한 줄이기 위해서다. 힌두교에서 보는 욕망은 생명력인 동시에 '죄의 큰 상징'이자 '지식과 자아실현의 파괴자'다. 마찬가지로 불교의 '사성제四聖諦'• 중 두 번째 진리는 욕망, 즉 '탐내거나 갈망하는 마음이 모든 고통의 원인'이라고 말한다. 성경은 아담과 이브가 금단의 열매를 먹으라는 유혹을 뿌리쳤다면 에덴동산에서 추방되는 일은 없었을 것이라는 경고로 시작한다. 또한 '7대 죄악' 중 네 가지, '시기심', '폭식', '탐욕', '색욕'은 모두 욕구와 관련돼 있다. 기도, 금식, 고해성사와 같은 기독교 의식은 청빈, 순결, 공동체 생활과 같은 수도사들의 이상적 가치와 마찬가지로 적어도 부분적으로는 욕구를 억제하거나 조절하는 데 그 목적이 있다. 하지만 기독교에서 세속적 욕구를 통제하는 가장 강력한 수단은 영생을 보장하는 것이다.

모든 괴로움은 욕망의 관점에서 이해할 수 있다. 충족되지 않은 욕망이 괴로움을 초래한다면 두려움과 불안도 마찬가지다. 두려움과 불안은 미래에 대한 욕망의 관점에서 이해할 수 있고, 분노와 슬픔은 과거에 대한 욕망의 관점에서 이해할 수 있다. 일례로 중년의 위기 역시 욕망과 관련이 있다. 중년의 위기를 경험하는 사람들은 자신의 현실이 젊은 시절의 꿈과 욕망에 미치지 못한다는 씁쓸한 깨달음을 인식하기 때문이다.

• 불교의 핵심 교리 중 하나로, 고苦·집集·멸滅·도道의 네 가지 진리로 구성되어 있다. 고통의 본질과 그 해결 방법에 관해 설명하는 네 가지 성스러운 진리를 말한다.

게다가 욕망을 이루는 것 또한 즐거움과 만족을 주기보다 새로운 부담이나 고통을 초래할 수 있다. 집이나 자동차 같은 부를 축적하기 위해서는 많은 시간과 정신적 평온함을 희생해야 한다. 축적하는 과정 자체도 힘들지만, 만약 그것을 잃는다면 더 큰 고통이 따른다. 명성에는 대가가 따른다. 많은 것을 포기하거나 양보해야 하고, 어느 순간 명성이 악명이 될 수 있다. 그렇다고 명성이나 부를 멀리해야 한다는 뜻은 아니지만, 인생의 목표로 삼거나 지나치게 집착해서는 안 된다. 앞에서도 말했듯이 인생의 풍요로움은 우리가 소유한 것뿐 아니라 소유하지 못한 것에서도 온다.

물론 욕망이 지나치면 탐욕이 된다. 탐욕은 우리의 시야를 좁혀 다른 중요한 것들은 보지 못하게 하고 오직 탐욕의 대상에만 집중하게 만든다. 그리고 삶의 모든 풍요로움과 섬세함을 잃게 하고, 단지 더 많은 것을 얻으려는 끝없는 욕망으로 삶을 전락시킨다. 우리는 탐욕으로 인해 우리가 이미 가진 것들의 가치를 제대로 인식하지 못하고 끝없이 더 많은 것을 원한다. 하지만 지금 우리는 과거에는 상상할 수 없을 만큼의 풍요를 누리고 있다.

욕망은 쾌락이나 고통과도 밀접한 관련이 있다. 우리는

종의 생존과 번식에 유리하게 작용한 것에는 쾌감을 느끼고, 그렇지 않은 것에는 고통을 느끼도록 진화했다. 사회적 지위, 성관계, 설탕과 같은 것들은 우리가 쾌감을 느끼도록 유전적으로 각인돼 있어서 욕망의 대상이 된다. 하지만 만족감은 생존과 번식에 유리하게 작용하지 않는다. 따라서 욕망이 충족되는 순간 우리는 그 대상에서 더 이상 쾌감을 느끼지 못하고, 대신 새로운 욕망을 추구한다.

문제는 인간의 욕망이 오직 생존과 번식의 목적을 위해 진화했다는 점이다. 욕망은 인간을 행복하게 하거나, 만족감을 주거나, 더 높은 수준에 도달하게 하거나, 삶에 더 깊은 의미를 부여하기 위해 진화하지 않았다. 그런데 생존은 인간에게 더 이상 전만큼 중요한 문제가 아니다. 80억 명의 인구가 지구에 넘쳐나는 마당에 번식은 오히려 무책임한 행동이 될 수 있다. 하지만 우리는 여전히 과거의 생존 조건에 맞게 형성된 충동과 욕망을 지니고 있다.

심지어 무한한 가능성과 자유의 상징이라 여겨지는 인간의 지적 능력조차 생존과 번식을 돕기 위해 진화했다. 마음은 인간의 욕망에 저항하거나, 욕망을 초월하도록 설계된 것이 아니다. 오히려 마음은 우리의 욕망에 완전히 종속돼 있고, 그 욕망을 충족시키려 한다. 물론 종종 아닌 척하기는 하지만 말이다.

●■◤

사실 욕망은 온전히 '나의 것'이라고 할 수 없다. 우리는 욕망이 이미 마음속에 깊이 자리 잡고 나서야 그것을 깨닫는다. 나는 내 친구의 욕망을 그의 행동을 통해 추측한다. 나 자신의 경우도 마찬가지다. 나의 욕망은 내 행동을 통해 드러난다. 내가 관찰력이 뛰어나다면 나는 내 친구보다 그의 욕망을 더 잘 알 수도 있을 것이다. 그렇지만 결국 이런 억압된 욕망이 그의 의식적인 마음에 들어온다면, 그는 다른 방식으로 그 욕망을 왜곡하거나 위장할 수 있다. 예를 들면 강한 '성적 욕망'을 사회적으로 좀 더 받아들여질 수 있는 '사랑'으로 변형시켜 자신을 합리화하는 것이다. 광고주들은 이러한 심리를 이용해 사람들의 무의식 속에 욕망을 심어 놓고, 그것을 정당화할 수 있는 이유나 설명을 제공함으로써 사람들이 그 욕망을 합리적인 것처럼 느끼게 만든다.

우리의 욕망 중 극히 일부만이 의식에 도달한다. 그렇게 도달한 욕망만 우리는 자신의 욕망으로 받아들인다. 그러나 그 욕망은 표면으로 드러나기 전에, 의식 안에 존재하는 다른 욕망들과 경쟁해야 한다. 이 경쟁에서 승리한 욕망은 우리가 이해할 수 있는 범위의 욕망이 된다.

흔히 무의식의 존재를 발굴한 인물로 지그문트 프로이트를 언급하는 경우가 많지만, 사실 무의식의 존재를 먼저 철학적으로 설명한 사람은 쇼펜하우어였다.

우리는 자신의 욕망이나 두려움을 잘 모를 때가 많다. 우리는 오랫동안 어떤 욕망을 지니고 있으면서도, 그것을 인정하거나 그 욕망이 의식적으로 드러나지 않도록 억누를 수 있다. 그 욕망을 인정하면 자신에 대한 긍정적 자아상이 필연적으로 손상될 것이기 때문이다. 하지만 억눌렸던 욕망이 실현되면 만족감을 (그리고 약간의 수치심도 함께) 느끼면서 그제야 그 욕망이 자신이 진정으로 원했던 것임을 깨닫는다.

떠오르는 태양을 찾는 눈먼 오리온 1658 뉴욕 메트로폴리탄 미술관 소장
니콜라 푸생 Nicolas Poussin

사실 우리의 욕망이 우리의 의지나 통제와 별개로 존재한다는 사실은 쉽게 증명할 수 있다. 예를 들어 우리가 새해 결심을 한다는 것은 그 결심을 하기 전에는 우리의 욕망이 우리 자신의 통제 아래 있지 않았다는 것을 의미한다. 맹세나 약속도 마찬가지다. 전세계적으로 7억 5,000만 명 이상의 사람들이 지켜본 영국의 찰스 왕세자와 다이애나비의 결혼식처럼 가장 엄숙하고 공개적인 결혼 서약조차 우리는 지키지 못할 때가 많다.

우리는 우리가 무엇을 원하는지, 즉 우리의 욕망이 무엇인지 모를 때가 많다. 하지만 설령 안다고 해도 그 욕망이 이루어지는 게 우리에게 정말로 이로운지 아닌지를 확신할 수 없다. 예를 들어 메리라는 학생이 옥스퍼드 대학에 입학해 의학을 전공하는 것을 꿈꾼다고 하자. 하지만 그 꿈이 이루어짐으로 인해서 나중에 예상치 못한 큰 불행(예를 들어, 통학 버스에 치이는 사고)이 생길 수도 있고, 그녀가 지닌 더 큰 잠재력(예를 들어, 소설가로서의 가능성)이나 기회를 잃어버릴 수도 있다. 반대로 옥스퍼드 대학에 불합격하는 것은 처음에는 큰 실망과 충격이 되겠지만, 장기적으로는 그녀에게 훨씬 더 좋은 결과를 가져올지도 모를 일이다.

●■◤

우리가 지닌 대부분의 욕망은 또 다른 욕망을 충족시키는 것을 목표로 한다. 예를 들어 내가 밤중에 갈증을 느껴 물을 마시고 싶다면, 그 욕망을 달성하기 위해 침대에서 일어나 불을 켜고 아래층으로 내려가는 행동에 대한 욕망이 필요하다. 물을 마시고 싶다는 내 욕망은 갈증이라는 불편을 해소하려는 것이므로 '궁극적 욕망terminal desire'이다. 반면에 이 과정에서 생기는 다른 모든 욕망은 나의 궁극적 욕망을 충족시키기 위한 '도구적 욕망instrumental desire'이다.

일반적으로 궁극적 욕망은 감정에서 발생하므로 그 자체로 동기부여가 된다. 이에 반해 도구적 욕망은 이성에서 발생하며, 궁극적 욕망을 이루기 위한 도구로서만 존재한다. 생계를 위해 일하면서 동시에 그 일을 즐기는 경우처럼, 어떤 욕망은 궁극적인 동시에 도구적이 될 수도 있는데, 이런 경우가 가장 이상적인 욕망이다.

물을 마시고 싶다는 욕망은 쾌감을 느끼거나 고통을 피하게 해준다는 점에서 쾌락적 욕망에 속한다. 대부분의 궁극적 욕망은 쾌락적이지만, 간혹 순전히 개인의 의지로 동기 부여가 되는 욕망도 있다. 이를테면 어떤 일이 그 일 자체로 옳은 일이기 때문에 욕망하는 경우가 그러한데, 이런 경우라도 간접적인 쾌락이나 만족감을 제공하기는 한다.

배고픔이나 갈증과 같은 생리적 욕망은 강한 동기를 부여받는 한편, 그보다 더 추상적인 궁극적 욕망은 감정적으로 충분히 뒷받침되지 않거나, 감정적 지지를 받더라도 매우 약하게 받기 때문에 생리적 욕망보다 동기부여의 정도가 덜하다. 그런데 추상적인 궁극적 욕망을 우리가 감정적으로 얼마나 강하게 느끼는지는 우리의 통제 범위를 벗어나 있는 것 같다. 쇼펜하우어의 말처럼, "인간은 원하는 대로 행동할 수는 있지만 무엇을 원할지는 선택할 수 없다".

아울러 욕망은 '자연적 욕망natural desire'과 '비자연적 욕망unnatural desire'으로 나눌 수 있다. 음식이나 주거에 대한 것처럼 자연적 욕망은 충족되면 저절로 멈추거나 줄어드는 경향이 있다. 반면에 명예, 권력, 부에 대한 것처럼 비자연적이거나 헛된 욕망은 한계가 없다. 고대 그리스의 철학자인 에피쿠로스는 자연적 욕망은 충족시키기가 쉽고, 충족했을 때 만족감이 크므로 충족되어야 하는 것이 맞지만, 비자연적 욕망은 충족시키기도 어렵고 충족했을 때 만족감도 크지 않기 때문에 제거해야 한다고 주장했다. 에피쿠로스의 이러한 철학적 권고를 따라 욕망을 선택적으로 제거하면 충족되지 않은 욕망으로 인한 고통과 불안이 줄어들고, 궁극적으로는 에피쿠로스가 말한 평온하고 고요한 마음의 상태, '아타락시아ataraxia'에 도달할 수 있다. 에피쿠로스의 말에 따르면, "사람이 행복해지려면 부를 늘릴 게 아니라, 욕망을 줄여야 한다".

13

희망 Hope

| 판도라의 항아리에는 왜 희망만이 남았나? |

아리스토텔레스는 희망을 "깨어 있는 사람의 꿈"이라고 했다. 희망은 어떤 것을 바라는 마음과 그 일이 일어날 것이라는 기대가 결합된 것이다. 즉 희망은 바라는 것에 대한 기대감을 말한다. 어떤 것을 희망한다는 것은 그 일이 일어나기를 바라는 동시에, 그것이 일어날 확률이 1보다는 작지만 0보다는 크다고 믿는 것이다. 만약 그 일이 일어날 확률이 1에 가깝다면 그것은 희망이 아니라 '기대expectation'가 되고, 확률이 0이라면 '환상fantasy'이 되며, 0에 가깝다면 '소망wish'이 된다.

우리는 어떤 것을 희망할 때 그 일이 일어날 가능성이 얼마나 될지 알 수 없지만, 그럼에도 계속 희망을 품는 쪽을 선택한다. 어려운 상황에서도 희망을 버리지 않는 이런 불확실성과 대담함이 희망의 진정한 본질이다.

플라톤의 《대화편》 중 〈프로타고라스〉• 편에서 소크라테스는 아테네의 황금기를 이끌었던 페리클레스가 아들들에게 스승한테서 배울 수 있는 모든 것을 훌륭하게 가르쳤지만, 지혜에 관해서는 "스스로 덕을 찾을 수 있기를 바라는 일종의 희망 속에서 자유롭게 방황하도록 내버려 두었다"고 말한다. 즉, 우리가 무언가를 희망할 때는 그 일이 대부분 우리의 통제를 벗어난다는 것을 의미한다.

희망의 반대 개념 중 하나는 '두려움'이다. 두려움은 어떤 일이 일어나지 않기를 바라는 동시에 그것이 일어날 것이라는 예감을 동반한 감정이다. 모든 희망 속에는 두려움이 내재해 있으며, 모든 두려움에는 희망이 깃들어 있다. 희망의 다른 반대 개념으로 '절망despair'도 있는데, 절망은 희망을 잃은 정도가 더 격렬하고 강한 상태다.

희망을 '낙관주의optimism'나 '믿음faith'과 비교해 보는 것도 희망을 이해하는 데 도움이 될 수 있다. 낙관주의는 '모든 일이 더 나아지거나 최선의 결과로 끝날 것'이라는 희망

• 고대 그리스 철학자 플라톤이 쓴 대화편 중 하나. 젊은 소크라테스가 나이 든 프로타고라스를 찾아가 대화를 나누는 형식으로 되어 있다.

적인 태도다. 이에 반해 희망은 더 구체적이거나 특정한 상황에 집중되며(비관론자라도 특정한 일에 대해서는 희망을 품을 수 있다), 더 개인적으로 관여한다. 무언가를 희망한다는 것은 그 일이 우리에게 얼마나 중요한지를 나타내는 것이며, 더 나아가 우리 자신이 어떤 사람인지를 드러내는 것이다. 토마스 아퀴나스는 "믿음은 보이지 않는 것과 관련이 있고, 희망은 아직 손에 닿지 않은 것과 관련이 있다"고 했다. 희망이 낙관주의보다 더 적극적인 태도라면, 믿음은 그보다도 더 적극적인 태도다.

●■◤

희망은 종교, 신화, 우화 등 다양한 이야기 속에서 중요한 역할을 한다. 이솝 우화에서 희망은 봄의 전령사인 제비로 주로 표현된다. '제비 한 마리가 왔다고 여름이 온 것은 아니다'라는 속담은 '탕자와 제비'라는 우화에서 나왔다. 이 이야기에서 방탕한 생활로 빈털터리가 된 한 남자는 이른 봄에 제비 한 마리가 날아다니는 모습을 보고 여름이 왔다고 생각하여 마지막 남은 자신의 코트를 팔아 주린 배를 채웠다. 하지만 다음 날 날씨가 다시 추워져 그 제비는 얼어 죽었고, 남자도 그 제비와 같은 신세가 될까 봐 두려움에 떨었다. 이 이야기는 희망이 항상 긍정적인 결과를 보장하지 않으며, 쉽게 깨질 수 있고, 결과를 예측하기 어렵다는 메시지를 전한다.

그리스 신화에도 희망에 관한 또 다른 유명한 이야기가 있다. 프로메테우스가 신들의 세계에서 불을 훔쳐 인간에게 전하자 이에 분노한 제우스는 헤파이스토스에게 흙과 물로 최초의 여인을 만들라고 명하는 한편, 다른 모든 신에게는 사람을 유혹할 수 있는 '매력적인 특징'을 그 여인에게 부여하도록 했다. 제우스는 이 여인의 이름을 '판도라(그리스어로 '모든 선물을 받은 여인'의 의미)'라고 지은 뒤, 재앙으로 가득 찬 항아리와 함께 그녀를 프로메테우스의 동생인 에피메테우스에게 보냈다. 프로메테우스는 아둔한 동생에게 제우스가 주는 선물은 절대 받지 말라며 신신당부했지만, 에피메테우스는 판도라를 보자마자 한눈에 반해 아내로 받아들였다. 이후 판도라는 그 항아리를 계속 떠올렸고, 항아리를 절대 열어보면 안 된다는 말을 들었음에도 결국 호기심을 이기지 못하고 뚜껑을 열었다. 그러자 항아리 안에 들어있던 온갖 재앙이 인간 세상에 퍼져나갔다. 깜짝 놀란 판도라는 급히 뚜껑을 닫았지만, 이미 모든 나쁜 것들이 빠져나간 뒤였고, 항아리에는 희망 하나만이 남아 있었다.

판도라의 이야기에는 명백하게 여성을 비하하는 요소가

있지만, 그 문제를 떠나서도 이 신화는 이해하기 어려운 면이 있다. 온갖 재앙으로 가득한 항아리 안에 왜 희망이 들어있었으며, 왜 마지막에는 희망만이 남아 있었을까? 인류에게 희망이 주어지지 않았기 때문에 우리의 삶이 더 비참해졌다는 뜻일까? 아니면 반대로 희망이 남아 있어서 우리의 삶이 그나마 견딜 만하다는 뜻일까? 또 다른 해석은 항아리 안의 다른 내용물처럼 희망도 하나의 악이며 우리에게 또다시 고통을 안겨주는 장치라는 것이다. 이런 모든 해석이 가능한 것은 희망의 속성 자체가 그만큼 복잡하고 다면적인 특성이 있기 때문이다. 따라서 이 이야기의 모호함은 우연이 아니라 의도된 것일 수 있다.

기독교에서 말하는 희망은 믿음, 사랑과 함께 세 가지 신학적 덕목 중 하나다. '신학적'이라고 말하는 이유는 그 덕목들이 하나님의 은총에서 비롯되고 그 목적도 하나님을 향하기 때문이다. 기독교적 희망은 단순히 바라는 것에 대한 확률적 기대를 의미하는 것이 아니라 확신에 찬 기대, 즉 하느님과 하나님이 주는 선물에 대한 '신뢰'로 이해해야 한다. 그것은 망설임, 두려움, 탐욕, 그 밖에 사랑으로부터 멀어지게 할 수 있는 모든 것들로부터 우리를 자유롭게 한다. 그런 점에서 기독교적 희망은 단순한 희망보다는 믿음에 가깝다. 즉 미래에 이루어질 일들에 대한 강한 믿음이다.

한편, 《신곡》의 〈지옥〉 편에서, 지옥의 문 위에 적힌 글귀는 기독교적 지옥이 희망의 포기, 즉 인간과 하나님 간의 유대가 끊어지는 것을 상징함을 보여준다.

나를 통해 너희는 고통의 도시에 들어서고,
나를 통해 너희는 영원한 고통으로 들어간다.
나를 통해 너희는 하나님께 버림받은 무리에 합류한다.

정의는 지고하신 창조주를 움직이시어
신성한 권능과 지고한 지혜와
태고의 사랑으로 나를 만들었다.

내가 만들어지기 전에는
오직 영원한 것들만 존재했고, 나 또한 영원하다.
이곳에 들어오는 자, 모든 희망을 버려라!

'지옥의 문'에 있는 '생각하는 사람' 파리 로댕 미술관 © Jean-Pierre Dalbéra
오귀스트 로댕 Auguste Rodin

로댕의 대작 '지옥의 문'은 단테의 《신곡》 중 〈지옥〉 편에서 영감을 받아 만들어졌으며, 이 중 '생각하는 사람'은 단테가 지옥의 입구에서 고뇌하며 관찰하는 모습을 상징한다.

다시 현실 세계로 돌아와서 보자면, "희망 없이는 삶도 없다"라는 말이 있다. 희망은 삶에 대한 자신감의 표현이며 인내력, 결단력, 용기와 같은 더 실질적인 성품의 기초가 된다. 희망은 우리에게 목표를 제공할 뿐만 아니라, 그 목표를 달성하기 위한 동기 부여도 제공한다. 마틴 루터의 말처럼, "세상 모든 일은 희망에 의해 이루어진다".

희망은 외로움, 가난, 질병과 같은 현재의 고난을 좀 더 견디기 쉽게 만든다. 하지만 고난이 없는 삶에도 희망은 여전히 필요하다. 왜냐하면 사람은 단순히 만족하는 것에 만족하지 않고, 항상 모험과 발전을 갈망하기 때문이다.

좀 더 심층적 의미에서 보자면 희망은 우리의 현재와 미래, 과거를 연결하고 이를 통해 우리 삶에 형태와 의미를 부여하는 이야기를 엮어낸다. 희망은 우리의 하루하루를 관통하는 실타래로서 우리의 투쟁, 성공과 좌절, 강점과 단점을 규정하고 그것들을 고귀하게 만든다.

이 생각을 이어가자면 희망은 인간 고유의 특성이지만(다른 동물들과 달리 인간만이 먼 미래를 생각하고 준비할 수 있으므로) 또한 우리 자신보다 훨씬 큰 어떤 것, 즉 자연 전체에 작용하는 우주적 생명력과 우리를 연결시킨다. 광범위하고 여러 요소가 서로 얽혀 있으며 상호의존적인 희망의 이런 측면은 결국 희망이 단순히 인간의 바람이나 기대를 넘어서 종교적 의미나 영적 의미와 연결되어 있다는 것을 알려준다.

반대로 절망은 우울증의 원인이자 증상이며, 자살을 예측하는 중요한 지표다. "인생에서 이루고 싶은 희망이 있습니까?"라는 질문은 내가 정신과 의사로서 매우 민감하게 여기는 것 중 하나다. 만약 내가 환자에게 그 질문을 했을 때, 환자가 "아무것도 없습니다"라고 답하면 나는 매우 심각한 상황으로 받아들인다.

희망이라는 감정은 바람이 이루어질 것이라는 기대감이 있기 때문에 기분 좋게 느껴진다. 하지만 한편으로 희망은 고통스럽기도 하다. 바라는 상황이 아직 이루어지지 않았고, 어쩌면 영원히 이루어지지 않을 수도 있기 때문이다. 현실적이거나 합리적인 희망은 우리에게 힘을 주고 앞으로 나아가게 할 가능성이 크지만, 헛된 희망은 고통을 더 오래 지속시켜 결국 실망과 좌절, 분노를 안겨줄 수 있다. 희망이 주는 이런 고통과 희망이 무너질 때 느끼게 되는 더 큰 고통 때문에 사람들은 희망을 품을 때 신중하고 조심하려는 태도를 보이는 경향이 있다.

철학자들은 희망이 비합리적이거나 수동적인 것처럼 보인다는 점에서 희망을 부정적으로 평가할 때가 많다. 그렇지만 아이러니하게도, 그들조차 철학적 탐구를 통해 어딘가에 도달할 것이라는, 즉 지혜를 얻는다거나 최소한 안정된 직업을 얻을 것이라는 희망 없이는 철학적 연구를 이어갈 수 없을 것이다.

실존주의자들은 희망에 대해 매우 흥미롭고 독창적인 견해를 제시했다. 알베르 카뮈는 1942년에 발표한《시시포스의 신화》라는 산문에서 인간의 처지를 에피라의 왕 시시포스의 처지에 비유한다. 시시포스는 신들의 말을 거역한 죄로 바위를 산꼭대기까지 밀어 올리는 벌을 받았다. 바위는 산꼭대기에 오르는 순간 다시 아래로 굴러떨어졌기 때문에 시시포스는 바위를 끝없이 산꼭대기로 밀어 올리는 무의미한 일을 영원히 반복해야 했다. 카뮈는 "산꼭대기를 향한 투쟁만으로도 인간의 마음을 채우기에 충분하다. 우리는 시시포스가 행복하다고 상상해야 한다"라는 말로 이야기를 끝맺음한다.

시시포스는 철저히 절망적인 상황에 놓여 있지만, 그래도 행복을 느낄 수 있다. 사실 그는 완전한 절망 상태에 있어서 오히려 행복하다. 왜냐하면 자신의 상황이 절망적임을 인식하고 받아들이는 순간, 그 절망을 초월할 수 있기 때문이다. 혹은 고대 로마의 시인 베르길리우스의 말처럼, "절망에 빠진 사람들에게 유일한 희망은 아무런 희망도 없게 되는 것이다".

14

향수 Nostalgia

| 과거는 늘 아름답게 기억된다 |

향수鄕愁는 과거에 대한 감상적인 정서다. 일반적으로 긍정적인 기억이나 감정을 불러일으키는 시기나 장소에 대한 그리움이지만, 때로는 단순히 과거 전반, 즉 '좋았던 옛 시절'에 대한 그리움을 의미하기도 한다. 앙드레 브링크의 소설 《바람 속의 한순간An Instant in the Wind》에서 주인공 아담은 "우리 내면에 자리 잡은 땅은 누구도 우리에게서 다시 빼앗을 수 없다. 심지어 우리 자신조차"라고 말한다. 향수는 단순히 과거를 그리워하는 슬픔뿐 아니라, 그리워하는 대상이나 기억이 완전히 사라지지 않았다는 사실에서 오는 위안이나 기쁨도 포함하고 있다. 우리의 삶은 유한하지만, 죽음이라는 불가피한 현실 속에서도 우리가 경험한 삶의

소중한 부분들은 영원히 우리 안에 남아 있다.

향수를 뜻하는 영어 'nostalgia'는 1688년 스위스의 의학도 요하네스 호퍼Johannes Hofer가 만든 용어로, '집으로 돌아가다'를 의미하는 그리스어 'nóstos'와 고통을 의미하는 'álgos'가 합쳐진 말이다. 'nóstos'는 오디세우스가 트로이 전쟁이 끝난 후 고향인 이타카로 돌아가는 험난한 여정을 그린 호머의 《오디세이아》에서 가장 중요한 주제다.

베르길리우스의 《아이네이스》• 에서 트로이 전쟁의 또 다른 생존자이자 로물루스와 레무스•• 의 조상인 아이네아스는 카르타고의 벽화에 그려진 트로이 전쟁의 장면을 보고 동족의 죽음을 애도하며 이렇게 울부짖는다.

사물은 모두 각자의 눈물을 지니고 있고, 필멸의 것들은 마음을 움직인다네.

성경의 〈시편〉에는 바빌론에서 포로 생활을 하던 유대인들이 고향을 잃은 슬픔을 애도하는 구절이 있는데, 이 구

• 기원전 20년 무렵에 로마의 시인 베르길리우스가 쓴 장편 서사시로, 로마 제국의 기원을 서사적으로 묘사한 작품.

•• 로물루스와 레무스는 고대 로마 신화에 나오는 쌍둥이 형제로, 전설상 로마의 창시자로 알려진다.

절은 보니 엠Boney M[•]의 노래 〈By the Rivers of Babylon〉에도 등장한다.

바빌론 강가에 앉아
우리는 울었다네
시온을 기억하며

요하네스 호퍼는 스위스 용병들이 고향을 떠나 외국에서 복무하는 동안 겪는 향수병과 관련된 증상들을 설명하기 위해 '노스탤지어'라는 단어를 사용했다. 군의관들은 이러한 향수병('스위스 향수병Schweizerheimweh' 또는 '스위스병mal du suisse'으로도 불렸다)이 생기는 이유가 소들의 목에 걸린 방울에서 나는 소리가 용병들의 귀와 뇌에 손상을 입혀서라고 생각했다. 당시 의학적으로 인정된 스위스 용병들의 향수병 증상에는 알프스 풍경을 그리워하는 것과 기절, 발열 등이 있었고, 극단적인 경우 사망에까지 이르렀다. 나 역시 제네바 출신으로 스위스의 아름다운 산에 둘러싸여 자라서인지 그들의 마음에 무척 공감이 간다.

• 1970년대와 1980년대에 활동했던 독일 출신의 유로 디스코 그룹.

●■◤

향수는 과거에는 정신 질환으로도 여겨졌지만 이제는 자연스럽고 일반적이며, 시간과 공간의 제약을 초월하는 경험을 가능하게 하는 매개체로 작용한다는 점에서 긍정적인 감정으로까지 여겨진다.

내가 어렸을 때 우리 집에는 오스카라는 이름의 영국 목양견 한 마리가 있었는데, 어느 날 오스카가 트랙터에 치이는 바람에 우리는 오스카를 안락사시켜야 했다. 오스카와의 추억을 제외하면, 오스카가 내게 남겨준 것은 털뭉치뿐이었다. 시간이 지나면서 그 털뭉치는 어린 시절의 책이나 장난감처럼, 오스카에 관한 추억을 떠올릴 수 있게 해주는 일종의 시간 여행 장치가 됐다.

이런 종류의 회상은 여러 가지 기능을 할 수 있다. 우리의 일상은 단조롭고 반복적이며 심지어 불합리할 때가 많다. 향수는 우리에게 절실히 필요한 배경과 관점, 방향을 제공할 수 있다. 또 우리의 삶이 보이는 것처럼 진부하지 않고 하나의 이야기에 뿌리를 두고 있으며, 우리의 삶에 의미 있는 순간들과 경험들이 있었고 또 앞으로도 있을 것임을 상기시키고 안심시킨다. 그런 점에서 변화와 불확실성의 시대에 향수가 더 흔하게 나타나는 것은 놀라운 일이 아니다.

한 연구에 따르면 향수는 추운 날이나 추운 환경에서 더 자주 나타나며, 심리적으로 더 따뜻하다고 느끼게 해준다고 한다!

향수는 미래에 대한 기대감과 비슷한 방식으로 우리에게 긍정적인 영향을 미칠 수 있다. 특히 코로나 봉쇄 기간에 나를 비롯한 많은 사람에게 그랬듯이, 지나간 시간을 회상하고 다가올 시간을 상상하는 것은 어려운 시기를 더 강하게 버틸 힘을 우리에게 준다.

어떤 면에서 향수라는 감정은 참 신비롭다. 향수에 젖어 우리는 먼 과거의 한 장면을 생생하게 기억하고, 이제는 나이 들고 때로는 존재하지도 않는 사람들을 떠올리며, 이미 세상에서 사라진 것들을 그리워하게 된다. 그렇지만 그 모든 것이 기억 속에 생생하게 남아 있어서, 우리는 여전히 그들의 반짝이는 눈빛과 입가의 미세한 떨림마저도 볼 수 있다. 때로는 마법처럼 그들이 다시 돌아올 것만 같아 그들의 이름을 나지막이 불러보기도 한다.

그런 한편, 향수는 대단히 역설적인 감정이다. 향수는 과거의 경험이나 감정을 생생하게 떠올리게 하는 동시에, 현재의 삶에서 그러한 요소들이 부족하거나 결핍되어 있음을 느끼게 하고, 그 결핍을 채우기 위해 보상 심리를 유발한다. 안타깝게도 이러한 심리는 종종 과도한 형태로 나타나고,

이러한 점을 상업적으로 이용해 마케팅 업자들은 옷과 음악, 자동차, 집에 이르기까지 무엇이든 팔려고 한다.

어떤 의미에서 향수의 감정은 자신을 속이는 감정의 한 형태로 볼 수 있다. 우리는 과거를 떠올릴 때는 거의 반드시 과거의 어떤 점을 왜곡하거나 미화하는 경향이 있다. 특히 나쁜 기억이나 재미없는 경험들은 기억에서 지워지고, 좋은 경험만 기억에 남는다. 오늘날 심리학자들은 이런 현상을 일컬어 '장밋빛 회상Rosy retrospection'이라고 표현하는데, 고대 로마에도 이에 상응하는 표현이 있었다. 라틴어로 '메모리아 프레테리토룸 보노룸memoria præteritorum bonorum'이라는 표현은 '과거는 늘 아름답게 기억된다'로 풀이된다.

향수에 지나치게 빠지면 실제로 존재한 적도 없고 앞으로 존재할 수도 없는 유토피아를 만들어내게 된다. 그리고 그 유토피아를 현실에서 실현하기 위해 현재의 삶과 즐거움, 잠재력을 희생하게 된다. 유토피아를 꿈꾸는 많은 사람에게 천국은 가야 할 미래의 장소라기보다 (그들 생각에는) 과거에 경험했던 곳이다.

●■◤

향수의 개념은 '사우다데saudadade', '모노노아와레物の哀れ', '와비사비侘び寂び', '젠주흐트Sehnsucht'와 같은 개념들과 비교하면 이해하는 데 도움이 된다.

'사우다데'는 포르투갈어이자 갈리시아어로, '잃어버렸거나 다시는 되찾을 수 없는 대상을 그리워하거나 갈망하는 마음'을 표현하는 단어다. '사우다데'는 영화 〈시네마 천국〉의 마지막 키스 장면 모음에서 느껴지듯이 애틋한 그리움, 허전함, 쓸쓸함, 아쉬움 등 여러 감정이 뒤섞인 감정이다. '사우다데'의 감정은 포르투갈 제국의 쇠퇴와 더불어 과거 빛나던 시절의 영광과 번영을 되찾고 싶은 염원이 혼합되면서 포르투갈인들 사이에서 더욱 강하게 일어났다. 그러한 염원은 포르투갈 국가 가사, '오늘 새로이 일어나라. 빛나는 포르투갈이여!'에 등장할 정도로 강렬했다.

일본의 '모노노아와레'는 '만개한 벚꽃'으로 가장 잘 설명할 수 있다. 이 용어는 모토오리 노리나가本居宣長가 《겐지 이야기》[•]에 대한 비평을 위해 정립한 개념이다. '모노노아와레'는 직역하면 '사물의 슬픔' 정도를 의미하는데, 사물의 덧없음을 깊이 인식하고 그 안에 담긴 아름다움을 감상

• 일본 문학의 대표적인 고전 소설. 11세기 초 헤이안 시대의 귀족 여성 작가인 무라사키 시키부紫式部에 의해 쓰였으며, 세계 최초의 장편 소설로 알려져 있다.

하면서도 그것이 사라져가는 것에 대한 슬픔이나 그리움을 느끼는 상태를 말한다. 더 나아가 결국 아무리 아름답거나 중요한 것이라도 영원하지 않으며, 모든 것이 언젠가는 끝을 맞이하게 된다는 깨달음을 담고 있다. 아름다움 자체는 영원히 되풀이되지만, 그것을 경험하는 관찰자는 시간이 흐름에 따라 나이 들고 언젠가는 죽음을 맞이할 유한한 생명체로서 특정한 시점에서만 그 아름다움을 경험할 수 있으니, 그 순간의 경험은 다시는 똑같이 재현될 수 없다는 점에서 특별하다.

'와비사비'는 '모노노아와레'와 연관된 개념으로, 덧없음과 불완전함을 아름다움으로 받아들이는, 선불교에서 유래한 미학적 개념이다. '와비사비'는 사물의 덧없음과 불완전함을 받아들임으로써 내면의 평온함과 영적 갈망을 일깨운다. 일본의 하기 도자기•는 표면에 난 작은 구멍이나 균열이 있는 유약 처리, 투박한 마무리와 같은 특징 때문에 '와비사비'의 미학적 가치를 잘 보여준다. 특히 하기 도자기는 시간이 지날수록 색상이 더 깊어지고 자연스럽게 마모되어 독특한 매력을 발산한다. 일상에서 '와비사비'를 느낄 수 있

• 일본 야마구치현의 하기 지역에서 만들어지는 전통적인 일본 도자기.

는 대상은 석조 건물, 가죽 제품, 책, 옷 등이 있다.

내가 옥스퍼드에 사는 이유 중 하나는 이곳 환경이 '와비사비'의 미학을 잘 반영하고 있기 때문이다. 몇 년 전에 나는 구운 벽돌로 정원에 담벼락을 세웠는데, '와비사비'의 미학에 맞게 벽돌담이 너무 새것처럼 보이지 않도록 우유를 부어 이끼가 자라도록 한 적도 있다.

'젠주흐트'는 독일어로 '염원', '열망', '그리움' 등을 뜻하는 단어다. 이 감정은 월트 휘트먼의 시 〈우주의 노래Song of the Universal〉 마지막 구절에서 잘 드러나듯이, 불완전한 현실에 대한 불만족과 실제 현실보다 더 현실처럼 느껴지는 이상에 대한 갈망이 결합된 감정이다.

저것은 꿈인가?
아니다. 꿈은 저것이 없는 것이다.
저것이 없다면 인생도 꿈일 뿐이며,
세상 모든 것이 꿈이다.

영국의 작가이자 학자, 문학 비평가인 C. S. 루이스Clive Staples Lewis는 '젠주흐트'를 '무엇인지 알 수 없는 것을 향한 가눌 수 없는 마음속 갈망'이라고 했다. 루이스는 1933

년에 쓴 《순례자의 귀향》에서 이러한 감정을 다음과 같이 묘사한다.

젠주흐트는 불타는 장작 냄새나 하늘 위로 날아가는 야생 오리들의 소리, 《세상 끝의 우물》이라는 책 제목, 〈쿠블라 칸 Kubla Khan〉• 의 첫 구절, 늦여름 아침의 거미줄, 떨어지는 파도 소리처럼, 설명하기 어려운 어떤 것들에 대한 갈망이 날카로운 검처럼 우리를 꿰뚫는 느낌과 같다.

루이스는 이 감정을 '기쁨joy'으로 재정의하면서, 채워지지 않은 욕망으로 인한 이런 기쁨을 채워지는 욕망으로 인한 만족감보다 더 가치 있고 바람직한 것으로 이해한다. 이런 기쁨의 역설적인 특징은 인간의 욕망이 본질적으로 자기 모순적인 특성을 가지는 데서 비롯된다. 즉, 기쁨은 실제로 무언가를 성취하거나 얻는 데서 오는 것이 아니라 오히려 무언가를 계속해서 갈망하고 추구하는 그 자체에서 발생한다는 것이다.

루이스는 《영광의 무게》에서 아름다움에 관한 오랜 탐구를 통해 이를 설명한다.

• 영국의 낭만주의 시인 새뮤얼 테일러 콜리지Samuel Taylor Coleridge가 1797년에 쓴 미완의 시.

책이나 음악에서 아름다움을 찾으려고 하면, 우리는 그것들에서 궁극적으로 만족하지 못할 것이다. 아름다움은 책이나 음악 안에 존재하는 것이 아니라, 그것들을 통해 느껴지는 것이며, 책이나 음악을 통해 느낀 아름다움의 본질은 사실 '그리움'이라는 감정이다.

우리가 아름다움이나 우리 자신의 과거에 대한 기억 같은 것들을 그 자체로 절대적인 것으로 착각하면, 그것들은 오히려 우리에게 마음의 상처를 주는 우상으로 변할 수 있다. 왜냐하면 그것들은 그 자체가 아니라, 우리가 아직 찾지 못한 꽃의 향기, 아직 들어보지 못한 멜로디의 메아리, 아직 가보지 못한 나라에서 온 소식일 뿐이기 때문이다.

© pexels

죽음이라는 불가피한 현실에도
우리가 경험한 삶의 소중한 부분들은
영원히 우리 안에 남아 있다.

15

야망 Ambition

|두려움과 불안조차 뛰어넘는 욕망의 힘|

야망野望을 뜻하는 영어 'ambition'은 라틴어 'ambitio'에서 유래했다.• 'ambitio'는 '지지를 구하며 돌아다니는 것'을 의미했는데, 시간이 지나면서 '명예나 지위를 높이기 위해 열심히 노력하는 것'을 묘사하는 의미로 발전했다.

야망은 어떤 목표의 달성이나 다른 사람들과 차별화되는 위치나 상태를 추구하는 것으로 정의할 수 있다. 즉, 야망은 첫째, 특별한 목표나 상태에 대한 욕망이 필요하고, 둘째, 역경과 실패를 겪더라도 그것을 이루려는 의지가 필요하다. 야망은 단순히 목표를 달성하는 것에서 그치는 것이

• 'ambitio'는 어근 'ambire(주위를 돌다, 둘러보다)'에서 파생되었다.

아니라, 그 성취를 통해 다른 사람과 차별화하고 돋보이려는 욕망을 포함한다. 만약 세상에 아무도 없이 나 홀로 산다면 야망을 품는다는 것은 아무 의미가 없을 것이다.

야망은 '열망aspiration'과 종종 혼동된다. 열망이 특정 목표를 이루고자 하는 구체적이고 일시적인 욕구라면, 야망은 단순한 목표를 넘어서 지속적이고 전반적인 성향이나 특성을 가리킨다. 야망이 있는 사람은 한 가지 목표를 이루고 난 뒤에는 또 다른 목표를 세워 계속 노력한다.

야망은 희망과 짝지어 언급될 때가 많다. 희망은 어떤 일이 일어나기를 바라는 마음과 그것이 일어날 것이라는 기대감이 결합된 것이고, 야망은 어떤 목표를 이루기를 바라는 마음과 그 목표를 이루기 위해 노력하려는 의지가 결합된 것이다. 희망의 반대가 두려움, 절망, 낙담이라면 야망의 반대는 단지 '야망이 없는 것'인데, 야망이 없는 것은 그 자체로 부정적인 상태는 아니다.

야망이 없는 상태가 어쩌면 더 바람직할 수도 있다. 동양에서는 야망을 '악'으로 간주한다. 야망은 우리를 세속적인 욕망에 얽매여 영적인 삶에서 멀어지게 하므로 덕과 지혜, 평온함을 얻지 못하게 하는 것으로 여겨진다. 이에 반해 서양에서는 야망을 성공의 필수 조건으로 칭송하지만, 서양의 고전에서는 대체로 야망을 부정적으로 묘사한다. 예를 들어 플라톤은 《국가론》에서 선한 사람들은 야망이 없기 때문에 정치를 기피하고, 그 결과 나쁜 사람들이 휘두르는 하찮은 야망에 지배당하게 된다고 말한다. 플라톤은 선한 사람들이 정치를 꺼리는 현상을 막기 위해 그들이 정치에 참여하기를 거부하면 처벌해야 한다고까지 주장했는데, 이런 주장은 어떤 면에서는 오늘날에도 고려해볼 만한 것이 아닐까.

한편, 아리스토텔레스는 야망에 대해 좀 더 복잡하고 세밀한 관점을 제시한다. 그는 《니코마코스 윤리학》에서 덕이란 넘치지도 모자라지도 않게 '중용'을 지향하는 것이라고 보았으며, 중용은 인간 행위의 이상적인 기준이므로 칭찬받을 가치가 있다고 말한다. 모든 위험에 무모하게 뛰어드는 사람은 경솔한 것이고, 모든 위험에서 도망치는 사람은 비겁한 것인 반면, '용기'는 이 둘 사이의 중간, 즉 중용에 의해 이루어진다. 이와 마찬가지로 아리스토텔레스는 지나친 야망은 악덕이며, 야망이 부족한 것도 악덕이지만, '적절한 야망'은 중용에 해당한다고 말한다.

아리스토텔레스의 영향을 받아 오늘날에도 우리는 야망에 관해 이야기할 때, '건전한 야망', '불건전한 야망', '야망의 부족'을 구분해서 말한다. 즉, 건전한 야망은 신중하고 적절한 방식으로 목표를 추구하는 것을 의미하며, 불건전한 야망은 통제되지 않은 방식으로 목표를 추구하는 것을 의미한다. 건전한 야망은 개인의 성장과 성취를 도와주는 반면, 불건전한 야망은 이를 방해하므로 탐욕에 가깝다.

야망이 큰 사람들은 성공에 대한 기대감이 높아서 실패에 더 민감하게 반응하므로 항상 불만이나 좌절감을 경험한다. 영원히 바위를 굴리는 시시포스처럼 그들의 과업은 끝이 없고, 아무리 손을 뻗어도 과일과 물을 먹을 수 없는 탄탈로스Tantalus처럼 그들의 보상은 영원히 손에 닿지 않는다.• 또한 탄탈로스의 머리 위에 큰 바위가 아슬아슬하게 매달려 있듯이••, 야망이 큰 사람들은 실패라는 올가미가 목에 걸려 있다. 실패에 대한 두려움은 대단히 용감하거나 무모한 사람을 제외하면 사람들의 야망을 꺾어놓는다. 조증이 우울증으로 이어질 수 있듯이, 야망은 고뇌와 절망으로 이어질 수 있기 때문이다. 야망을 품고 산다는 것은 두

• 탄탈로스는 신들에 대한 오만불손한 언행과 자식을 살해해 신들을 시험하려 한 만행 때문에 영원한 배고픔과 갈증이라는 형벌을 받았다. 목까지 물에 잠기고 머리 위에 과일이 주렁주렁 열려 있었으나, 물을 마시려 하면 수면이 아래로 내려가고, 과일을 먹으려 손을 뻗으면 나뭇가지가 위로 올라갔다.

•• 또한 고대 그리스 시인 핀다로스Pindar의 〈제8 이스트미아 송가8th Isthmian Ode〉에 따르면, 탄탈로스의 머리 위에는 큰 바위가 매달려 있어 언제든 짓눌릴 수 있는 위협 속에서 영원히 불안에 떨어야 했다.

려움과 불안감을 안고 사는 것과 같다. 그렇지만 우리가 이미 가진 것들에 대해 감사하는 마음이 있다면 야망의 압박감을 덜 수 있다. 특히 삶의 초점을 미래에 두는 사람들은 현재에 감사하는 마음을 가지기 어렵지만, 그런 사람들도 인생이 살 만한 가치가 있다고 느낄 수 있다면 야망의 부정적 영향을 줄일 수 있다.

희생을 감수할 의지가 없다면 우리는 정말로 야망을 지녔다고 볼 수 없다. 그렇지만 야망의 결과가 희생에 걸맞은 보상이나 가치를 제공하지 못할 수도 있고, 야망 자체가 이루어지지 않을 수도 있으며, 목표에 근접조차 하지 못할 수 있다. 심지어 순수하고 노골적인 야망은 목표를 이룬다고 하더라도 그 과정에서 치른 희생이 그만한 가치가 없을 수도 있다. 다행히 야망은 순수하게 이기적인 동기만으로 작동하는 경우는 드물고, 대개 이타적인 목적이나 동기가 함께 섞여 있다. 이러한 목적과 동기들은 의도적이고 계획적이라기보다는 우연에 가까우며, 인류의 위대한 성취들은 야망을 추구하는 과정에서 우연히 발생한 결과일 가능성이 크다.

그런 점에서 야망은 당나귀를 앞으로 나아가게 하는 당근과 같다. 연구에 따르면 야망이 있는 사람은 평균적으로 더 높은 수준의 교육을 받고 소득을 얻으며, 더 성공적인 경력을 쌓는다. 또한 부정적인 영향이 있을 수는 있지만 전반적인 삶의 만족도가 더 높은 것으로 나타났다. 물론 야망이 있는 사람들도 운이 나쁘거나 잘못된 판단 때문에 야망을 이루지 못할 때가 많지만, 야망이 없는 사람들보다는 훨씬 더 앞서 나간다.

●■◤

왜 어떤 사람들은 다른 이들보다 야망이 클까? 간단히 말해서, 야망이 만들어지는 데는 부모의 기대, 형제간 경쟁, 실패와 거절에 대한 두려움, 열등감이나 우월감, 지능, 과거의 성취, 경쟁심, 시기심, 분노, 복수심, 삶과 성性에 대한 본능적 욕구 등 다양한 심리적·사회적·생물학적 요인들이 복합적으로 작용하기 때문이다.

순전히 정신분석학적 관점에서 보면, 야망은 일종의 자기 방어기제로 볼 수 있다. 즉, 야망은 자신이 어떤 사람인지에 대한 특정한 이미지를 지키고 강화하기 위한 '심리적 방어 수단'인 것이다. 야망은 정교한 방어기제이지만, 자신을 내세울 만한 용기나 능력이 부족한 사람들은 "인생은 불공평해"라거나 "나는 리더라기보다는 팀플레이어야"라는 식으로 자신을 합리화하는, 덜 성숙한 방어기제로 반응할 가능성이 크다. 자아가 너무 큰 데 비해 용기가 부족한 사람들은 실패에 직면했을 때 다른 사람들을 무시하거나 스스로 파괴적인 행동을 하며, 이를 통해 자신이 성공하지 못한 것에 대해 "그건 내가 실패한 게 아니라, 다른 이유가 있어서 그래"라는 식으로 핑계를 대거나 책임을 회피하려고 한다.

야망과 관련해서 살펴볼 만한 방어기제는 '승화昇華, sublimation'다. 승화는 모든 방어기제 중에서 가장 성숙하고 훌륭한 방어기제의 하나로 볼 수 있다. 만약 상사에게 화가 난 상황이라면 집에 가서 개에게 신경질을 낼 수도 있지만, 개를 데리고 함께 달리기를 할 수도 있다. 첫 번째 경우(개에게 신경질을 내는 것)는 불편한 감정을 덜 중요하거나 덜 위험한 대상에 전가하는 '전위轉位, displacement'의 예로 미성숙한 방어기제다. 두 번째 경우(개와 함께 달리는 것)는 비생산적이거나 파괴적인 힘을 사회적으로 용인되고 건설적인 활동으로 전환하는 승화의 예로 훨씬 더 성숙한 방어기제라 할 수 있다.

야망과 관련한 승화의 또 다른 예들을 보자. 사디스트 성향이 있거나 심지어 살인 충동을 가진 사람이 군대에 입대하여 이러한 충동을 해소하는 경우도 있고, 애거사 크리스티의 소설 《그리고 아무도 없었다》에 등장하는 로렌스 워그레이브처럼 살인자들에게 사형을 선고하는 판사가 되는 경우도 있다. 그는 사람들을 괴롭히고, 겁주고, 죽이고 싶은 강렬한 욕망을 오래도록 품어왔지만 무고한 사람들을 해칠 수는 없었다. 그래서 대신 판사가 되어 유죄 판결을 내린 죄인들이 공포에 떨며 두려워하는 모습을 보고 전율을 느꼈다.

우리 인생에서 그 자체로 완전히 선하거나 악한 것은 거의 없다. 오히려 어떤 것의 선함이나 악함은 우리가 그것을 어떻게 활용하느냐에 달려 있다. 유익한 야망을 지닌 사람들은 맹목적인 야망의 힘을 제어할 수 있는 통찰력과 힘(이 힘은 주로 통찰력에서 비롯된다)을 지닌 사람, 즉 자신의 야망을 자신의 관심사와 이상에 부합하도록 조정하고 그것을 활용하여 자신을 열정적으로 이끌면서 자신과 주변 사람들을 해치지 않도록 할 수 있는 사람들이다. 앞에서 본 것처럼, 우리가 겸손에서 얻을 수 있는 최고의 깨달음은 높은 성취를 이루기 위해, 혹은 진정으로 살아있음을 느끼기 위해 반드시 야망을 지닐 필요는 없다는 것일지도 모른다.

사람은 자신이 가진 야망의 크기와 성격에 따라 더 커질 수도 있고, 반대로 작아질 수도 있다. 그러나 야망을 어떻게 잘 다루고 발전시킬지는 다른 사람이 가르쳐줄 수 없고, 결국 자기 스스로 깨우쳐야 한다.

안개 바다 위의 방랑자 1818년경 © 위키미디어 커먼스
카스파르 다비드 프리드리히 Caspar David Friedrich

"야망은 목적이 있는 열정이다."

_프랭크 타이거Frank Tyger•

• 미국의 시사 만화가이자 칼럼니스트 겸 유머 작가.

16

분노 Anger

| 나와 상대를 함께 파괴하는 고통 |

분노는 우리가 흔히 경험하는 보편적인 감정이자, 다른 사람들의 삶을 살아있는 지옥으로 만들 수도 있는 파괴적인 감정이기도 하다. 아리스토텔레스는 《니코마코스 윤리학》에서 좋은 성품을 지닌 사람도 때때로 화를 낼 수 있지만, 그래야 하는 상황에서만 화를 낸다고 말한다. 그들 또한 너무 빨리 화를 내거나 적절하게 화를 내지 못할 수 있지만, 온화한 성품을 유지하고 있다면 여전히 칭송받을 수 있다. 하지만 중용에서 현저하게 벗어날 때는 비난을 받는데, 너무 자주 화를 내면 '화가 지나친 사람'으로, 화를 전혀 안 내면 '기백이 부족한 사람'으로 비난받는다.

모든 일에서 중간을 찾기는 쉬운 일이 아니다… 누구나 화를 내거나 돈을 주거나 쓸 수는 있지만, 올바른 사람에게 적절한 정도로, 적절한 시간에 올바른 동기와 방식으로 행하는 것은 누구나 할 수 있는 것도 아니고 쉬운 일도 아니다. 그러므로 선함은 드물고 칭찬할 만하며 고귀한 것이다.

아리스토텔레스는 분노란 "자신이나 가까운 사람을 향한 명백한 모욕에 대해 명백한 복수를 하려는 고통을 동반한 충동"이라고 말한다. 그는 분노의 고통은 복수에 대한 기대감에서 오는 쾌락을 동반할 수 있다고 덧붙이지만, 그 부분에 대해 내 생각은 좀 다르다. 설령 분노가 어느 정도 쾌락을 가져온다고 해도 그런 쾌락은 "눈에는 눈, 이에는 이!"라든지 "내가 어떤 사람인지 보여주지!"라고 으름장을 놓을 때처럼 매우 얕고 단편적으로만 얻을 뿐이다.

아리스토텔레스에 따르면 우리는 '경멸contempt', '악의spite', '무례함insolence' 중 하나에 의해 모욕을 당할 수 있다고 한다. 각각의 경우 모욕은 모욕을 준 사람의 감정, 즉 그 사람이 우리를 중요하게 생각하지 않는다는 것을 드러낸다. 우리는 모욕을 준 사람에게 화를 낼 수도 있고 안 낼 수도 있다. 하지만 우리가 고통스러운 상황에 있을 때, 가령 경제적으로 궁핍하거나 사랑에 빠졌을 때, 혹은 자신에 대해 전반적으로 자신감이 없을 때 더 민감하게 반응하고 화를 낼 가능성이 크다.

반면 모욕이 의도적이지 않거나 본의 아니게 발생했을 때, 혹은 모욕 자체가 분노로 촉발됐을 때, 모욕을 준 사람이 사과하거나 우리 앞에서 자신을 낮추고 겸손하게 행동할 때는 화를 낼 가능성이 적다(아리스토텔레스는 개도 앉아있는 사람은 물지 않는다고 했다). 또한 모욕을 준 사람이 우리에게 많은 호의를 베풀었거나, 우리를 존중하거나, 두려워하거나, 필요로 하거나, 존경할 때도 화를 낼 가능성이 적어진다.

일단 분노가 일어났다면 자신이 받은 모욕이 그럴 만했다고 느껴지거나 시간이 많이 흘렀을 때, 혹은 모욕을 준 사람에게 복수를 했거나 그 사람이 고통받고 있을 때, 혹은 분노가 제삼자에게 돌아갔을 때 진정될 수 있다. 고대 그리스의 사람들은 칼리스테네스Callisthenes보다 에르고필리우스Ergophilius에게 더 분노했지만, 이미 칼리스테네스를 사형에 처했기 때문에 에르고필리우스에게 무죄를 선고한 것도 그런 맥락에서 설명할 수 있다.• 아리스토텔레스는 정신분

• 칼리스테네스는 아리스토텔레스의 제자이자 알렉산더 대왕의 역사 기록가였다. 그러나 그는 알렉산더의 권위에 도전하는 태도를 보였고, 결국 반역 혐의로 기원전 327년 처형당했다. 에르고필리우스는 아테네의 장군이자 정치가였는데, 군사 작전에서의 실패와 부적절한 판단으로 인해 시민들의 분노를 샀으나 칼리스테네스가 이미 사형 선고를 받았기 때문에 에르고필리우스에 대한 분노는 그 이상의 처벌로 이어지지 않았다.

석학이 탄생하기 2000년도 전에 '전위'의 자기방어기제를 정확히 짚어낸 것처럼 보인다. 즉, 에르고필리우스에 대한 사람들의 분노는 그에게 직접 표출되지 않고 칼리스테네스에게로 '전위'된 것으로 해석할 수 있다.

●■◤

아리스토텔레스가 '적절한 분노'나 '올바른 분노'에 대해 말한 것은 분명히 일리가 있다. 분노는 여러 가지 유용하고 중요한 기능을 할 수 있다. 두려움이나 불안감과 마찬가지로 신체적·감정적·사회적 위협을 피하는 데 도움을 줄 수 있으며, 회피나 방어, 회복을 위해 정신적·신체적 자원을 동원하게 할 수도 있다.

또한 분노는 신중하게 활용한다면 높은 사회적 지위를 드러내거나 계약과 약속이 이행되도록 하고, 심지어 존중과 감탄 같은 긍정적 감정도 불러일으킬 수 있다. 분노를 현명하게 다룰 줄 아는 사람은 더 자신감이 있고 상황을 잘 관리하며, 성공적인 결과를 가져올 수 있는 위험을 감수하는 데 더 능숙하다.

그렇지만 분노를 잘 조절하지 못하면 시야와 판단이 흐려지고, 충동적이고, 파괴적인 행동을 할 수 있으며 사회적 위치나 명성을 잃고 다른 사람들로부터 신뢰나 호의도 잃을 수 있다. 로마 시인 호라티우스Horatius의 말을 빌리자면, "분노는 순간적인 광기다. 분노를 다스리지 못하면 분노가 당신을 지배할 것이다".

따라서 분노는 두 가지 유형으로 나누어 생각할 수 있다. 첫 번째 유형은 절제되고 조절된 분노로 이런 분노는 정당하고 전략적이며 상황에 따라 조절될 수 있는 분노다. 두 번째 유형은 통제 불가능하고 부적절하며, 비이성적이고 무분별한 분노로 이런 분노는 '격노rage'에 해당한다. 격노는 주로 자아가 위협받았을 때 발생하며, 기존의 견디기 힘든 고통을 견딜 수 있는 다른 고통으로 대체하거나 감추기 위해 발생하는 방어기제다.

●■◤

하지만 아무리 정당한 이유로 분노하더라도 분노 자체는 감정적으로 고통을 유발하고, 상황을 객관적으로 보거나 올바르게 판단하는 능력을 잃게 만든다. 특히 격노는 '대응편향Correspondence bias'을 강화한다. 이는 다른 사람의 행동을 설명할 때 상황적 요인보다 그 사람의 성격적 특성을 과대평가하는 경향을 말하는데, 거꾸로 자신의 행동을 설명할 때는 그 편향이 반대로 작용한다. 예를 들어 이웃인 에마가 잔디를 깎지 않으면 건망증이 심하다거나 게을러서 혹은 나쁜 의도로 그랬다고 생각하지만, 내가 잔디를 깎지 않으면 일이 바쁘거나 몸이 피곤하거나 날씨가 나쁘다는 상황적인 이유로 자기 행동을 정당화하는 것이다.

더 근본적으로 말하자면, 분노는 높은 수준의 자유 의지를 행사하고 있다는 착각을 강화한다. 그러나 대부분의 선택과 행동은 과거 사건들과 그 사건들이 쌓여 형성된 사고와 행동 패턴에 의해 결정된다. 에마는 에마일 뿐이며, 적어도 단기적으로는 에마가 자신에 대해 바꿀 수 있는 것이 거의 없다. 결국 우리는 상대방이 완전한 자유 의지를 지니고 의도적으로 우리에게 해를 끼쳤을 때만 그에 대해 분노하는 것이 정당할 수 있다. 분노는 처음부터 잘못된 시각에서 출발하므로, 그 시각을 더 악화시키는 악순환을 만든다.

그렇다고 분노가 결코 정당화될 수 없다는 뜻은 아니다. 상황에 따라 짧게, 전략적으로 분노를 표현하는 것은 긍정적인 효과를 가져올 수 있다. 예를 들어 개나 고양이의 행동을 교정하기 위해 화난 척하는 경우가 그렇다. 계산된 분노만으로도 충분한 경우, 고통을 수반하는 진정한 분노는 전적으로 불필요하다. 진정한 분노는 상황을 해결하는 데 도움이 되지 않고 오히려 문제가 되는 경우가 많으며, 이러한 태도는 자신이 상황을 이해하지 못한다는 사실을 드러낼 뿐이다.

세상은 있는 그대로이며 늘 그랬다. 달을 보고 울부짖고 소리쳐도 달라지는 것은 없다. 이 사실을 이해하고 받아들인다면 우리는 고통스럽고 파괴적인 분노를 삶에서 몰아낼 수 있다. 물론 그러기 위해서는 세상이 불완전하다는 것을 있는 그대로 인정하고 받아들일 수 있어야 한다.

사울의 다윗에 대한 분노 1812-1819 ⓒ 위키미디어 커먼스
안토니 브로도프스키 Antoni Brodowski

"분노는 순간적인 광기다.
분노를 다스리지 못하면
분노가 당신을 지배할 것이다."
_호라티우스

17

인내심 Patience

| 우리 모두에게 삶은 하나의 투쟁이다 |

노인들은 깊은 아쉬움을 토로하며 다음과 같이 말한다. "시간이 어떻게 흘러가는지 잘 이해했다면 좋았을 텐데".

인내심을 뜻하는 영어 'patience'는 '인내력, 참을성, 순종'을 의미하는 라틴어 'patientia'에서 유래했으며, 본질적으로 'passivity'나 'passion'과 마찬가지로 '당하다'라는 뜻의 'patere'에서 파생된 말이다. 인내심이란 단순한 기다림부터 화를 자극하는 행위나 큰 불행, 극심한 고통에 이르기까지 힘든 상황을 마주할 때 그 상황을 견디며 침착함을 유지하는 태도로 정의할 수 있다.

인내심은 적응력과 절제력이 합쳐진 특성이 있어 하나의 덕목으로 간주될 때가 많지만, '자제력', '겸손', '관용', '관대함', '자비'와 같은 여러 덕목의 복합체로 볼 수 있다. 또한 '희망', '믿음', '사랑'과 같은 다른 덕목들의 중요한 측면이기도 하다. 따라서 인내심은 여러 덕목의 통일성에 대한 개념의 전형이라 할 수 있다.

불교에서 인내심, 좀 더 정확히 말해서 '인욕忍辱'은 육바라밀• 중 하나로, '해를 되갚지 않는 것'까지 포함한다. 성경에서도 인내심의 덕목을 칭송하며 〈잠언〉에서 "노하기를 더디 하는 자는 용사보다 낫고, 자기 마음을 다스리는 자는 성을 빼앗는 자보다 나으니라"•• 라고 한다. 이러한 정서는 〈전도서〉에도 반영되어 있다.

일의 끝이 시작보다 낫고 참는 마음이 교만한 마음보다 나으니 급한 마음으로 노를 발하지 말라 노는 우매자의 품에 머무름이니라.•••

인내심과 반대되는 개념은 '조급함impatience'으로, 불완

• 보살이 깨달음에 이르기 위해 실천해야 할 여섯 가지 덕목으로 인욕 외에 보시布施(나눔과 베풂), 지계持戒(계율을 지킴), 정진精進(부지런히 수행함), 선정禪定(마음을 고요히 함), 반야般若(지혜를 닦음)가 있다.

•• 〈잠언〉 16장 32절.

••• 〈전도서〉 7장 8~9절.

전함을 견디지 못하거나 견디지 않으려는 성향으로 정의할 수 있다. 조급함은 현재를 받아들이지 않고 어딘가 결함이 있다고 느껴 자신이 생각하는 더 이상적인 미래로 대체되어야 한다고 여기는 것이다. 즉, 조급함은 현실을 있는 그대로 인정하지 않고 거부하는 감정이다. 인내심은 삶이 우리 모두에게 투쟁임을 인정하고 받아들이는 태도인 반면, 조급함은 우리 인간의 본성을 받아들이지 못하고 타인이 완벽하지 않다는 사실에 불만을 느끼며, 인간의 한계를 무시하거나 심지어 경멸하는 태도다.

조급함을 느낀다는 것은 곧 상황을 통제하지 못한다는 의미이므로 무력감을 느끼게 되고, 연이어 좌절감으로 이어진다. 조급함과 좌절감은 분노와 마찬가지로 고통스러운 감정이자 자기 파괴적인 결과를 낳는다. 또한 조급함과 좌절감은 성급하고 파괴적인 행동으로 이어질 수 있으며, 역설적으로 게으름을 피우거나 일을 미루는 행동으로도 이어질 수 있다. 왜냐하면 힘들거나 지루한 일을 뒤로 미루면 그에 따른 좌절감 또한 피할 수 있기 때문이다.

이제 인내심은 사람들에게 더 이상 가치를 인정받지 못하는 덕목이 됐다. 현대 사회는 야망과 적극적인 행동의 가치를 무엇보다 높이 평가하는 반면, 인내심은 그와 대조적으로 자신의 행동과 감정을 절제하고 억누르는 덕목으로 여긴다. 한 연구에 따르면 인터넷 사용자의 절반 정도가 동영상을 재생시켰을 때 10초 안에 재생되지 않으면 더 이상 기다리지 않고 그 영상을 넘겨버렸다. 게다가 인터넷 속도가 빠른 사용자들일수록 해당 영상을 넘겨버리는 속도가 더 빨랐는데, 이는 기술 발전이 사람들의 인내심을 더 줄어들게 한다는 것을 잘 보여준다. 사람들이 짧은 시간조차 기다리는 것을 견디기 어려워하면서 경제의 많은 부분이 '대기 시간'을 줄이거나 없애는 데 중점을 두고 있다. 조급함은 사실상 '조적 방어'의 한 표현이다. 무력감이나 절망감 같은 부정적 감정을 피하기 위해 의식적으로 그와 상반된 행복감, 목표지향적 활동, '전능 통제Omnipotent control'• 등의 방어기제로 자신을 분주하게 만드는 것이다.

●■◤

하지만 근대 이전, 기술 시대 이전에도 사람들은 이른바 '자기중심적 상황 인식egocentric predicament' 때문에 인내심을 발휘하기 어려웠다. 우리는 자신이 하는 생각에 자신만

• 어려움이나 불안감을 느낄 때 두려움이나 불안감을 낮추기 위해 개인이 자신의 모든 상황이나 문제를 완벽하게 통제할 수 있다고 믿는 방어기제.

이 직접 접근할 수 있기 때문에 그것을 과장하거나 부풀려서 해석하는 경향이 있으며, 그로 인해 상황을 객관적으로 보지 못하고 왜곡된 인식을 지니게 된다. 예를 들어 내가 계산대 앞에 줄을 섰을 때 조급함을 느낀다면, 그 이유는 대체로 내 앞에 서 있는, 내가 전혀 알지 못하는 사람들의 시간보다 내 시간이 더 소중하다고 인식하기 때문이다. 이럴 바엔 내가 계산하는 것이 더 빠르겠다고 생각하며 계산원을 노려보지만, 그가 나와는 다른 관점에서 자신만의 기술과 능력에 따라 일을 처리하고 있다는 사실은 깨닫지 못한다. 결국 내가 있던 줄에서 계속 기다릴지, 다른 줄로 옮길지, 그도 아니면 매니저를 부를지 갈팡질팡하며 그 자체로 또 다른 좌절감을 느낀다.

인내심은 오늘 곡식을 다 먹어 치울 것인지, 아니면 땅에 심고 기다려서 더 많이 수확할지와 같은 의사 결정의 문제로도 볼 수 있다. 안타깝게도 인간은 농부가 아니라 수렵 채집자로 진화했기 때문에 장기적인 보상을 무시하는 경향이 강하다. 1960-70년대에 '지연된 만족delayed gratification'에 관한 일련의 연구로 스탠퍼드 대학의 월터 미셸Walter Mischel 교수가 주도한 '마시멜로 실험'은 조상으로부터 물려받은 우리의 이런 근시안적 성향을 잘 보여준다. 미셸 교수는 4세와 5세 아동 수백 명을 대상으로 한 이 실험에서 아이들에게 두 가지 선택지를 제공했다. 첫 번째는 마시멜로를 바로 먹는 것이었고, 두 번째는 마시멜로를 바로 먹지 않고 15분간 기다렸다가 마시멜로를 하나 더 받는 것이었다. 실험자는 아이에게 이 두 가지 선택지를 설명한 뒤에 마시멜로를 주고 15분간 혼자 있게 했다. 40년에 걸친 후속 연구 결과, 당시 15분을 기다렸다가 마시멜로를 하나 더 받은 소수의 아이들은 학업 성취나 사회성 면에서 더 나은 모습을 보였고, 약물 남용 문제를 거의 겪지 않았으며, 훨씬 더 긍정적이고 성공적인 삶을 누렸다.

그렇지만 인내심은 '마시멜로 실험'에서 일부 아이들이 보여준 것처럼 미래에 생길 이익을 위해 단순히 참고 기다리는 능력 이상을 의미한다. 인내심을 발휘하는 것은 다이어트나 정원을 가꾸는 것에 비유할 수 있다. 물론 기다림도 필요하지만, 계획을 세우고 그 계획을 실행하는(발휘하는) 것도 필요하다. 따라서 타인과의 관계에서 인내심이란 단순히 참고 억누르는 것이 아니라, 그들의 고난과 행복에 적극적으로 참여하고 개입하는 것을 의미한다. 그런 점에서 인내심은 다른 사람들을 소외시키지 않고 친구이자 동료로 만드는 일종의 연민이다.

조급함이 무력감을 의미한다면, 인내심은 이해에서 비롯된 힘이다. 인내심은 우리를 운명의 인질로 만드는 것이 아니라, 좌절과 그에 따른 부정적 영향에서 벗어나게 해준다. 아울러 우리가 올바른 시간에, 올바른 방법으로, 올바른 일을 생각하고 말하며 실행할 수 있게 하는 침착함을 제공하는 동시에, 삶의 다른 모든 좋은 것들을 즐길 수 있게 한다. 계산대 앞의 줄이 길어졌을 때 우리는 기다리는 선택 대신 쇼핑을 포기하는 선택을 내릴 수도 있지만, 그럴 때조차 감정적으로 폭발하지 않고 차분하게 상황을 받아들임으로써 그날 하루를 망치지 않을 수 있다. 인내심을 발휘한다는 것은 무작정 참거나 포기하지 않는다는 뜻이 아니다. 충동적이거나 하찮은 이유로 행동하지 말고, 의미 있고 적절한 방식으로 신중하게 행동한다는 의미다. 또한 와인을 숙성시키는 동안에도 다른 와인을 즐길 수 있듯이, 인내심을 발휘한다고 해서 삶의 즐거움이나 만족을 완전히 배제해야 하는 것도 아니다. 인생은 기다리기만 하기에는 너무 짧지만, 인내하기에는 결코 짧지 않다.

마지막으로 인내심은 다른 방법으로는 불가능했을 일들을 가능하게 해준다. 철학자 장 드 라브뤼예르Jean de La Bruyère는 "서두르지 않고 신중하게 나아가는 사람에게 너무 긴 길이란 없고, 인내심을 가지고 자신을 준비하는 사람에게 너무 먼 명예란 없다"라고 했다. 또한 미켈란젤로는 라브뤼예르의 생각을 단 세 마디로 표현했다. "천재성이란 끝없는 인내심이다".

18

신뢰 Trust

| 관계와 협력을 위한 너무나 인간적인 결단 |

플라톤의 《국가론》에서 글라우콘Glaucon은 소크라테스에게 "대부분의 사람은 진정으로 정의justice를 추구하지 않는다"고 말한다. 정의롭지 않게 행동한 것이나 남들에게 그렇게 보이는 것에 따르는 사회적으로 부정적인 결과를 피하기 위해서만 정의롭고 덕망 있는 척 행동한다고 말이다. 그리고 만약 어떤 사람이 손가락에 끼면 투명 인간이 될 수 있는 '기게스의 반지ring of Gyges'를 손에 넣어 남들 눈에 보이지 않을 수 있게 된다면 그는 자신에게 이익이 되는 대로 행동할 것이라고 했다.

자신이 원하는 것을 시장에서 안전하게 가져갈 수 있는 상황에서 남의 것을 건드리지 않고 가만히 있는 사람은 없을 것입니다. 그는 아무 집에나 들어가 원하는 사람과 함께 자고, 감옥에 있는 사람을 죽이거나 풀어주며, 모든 면에서 신처럼 행동할 것입니다.

글라우콘은 우리가 정의롭게 행동하는 것은 정의를 중시해서가 아니라 약하고 이기적이기 때문이며 정의롭지 않게 행동하면서도 겉으로는 정의롭게 보일 만큼 교활한 사람은 더 많은 이득을 본다고 말한다.

이에 대한 응답으로 소크라테스는 글라우콘에게 그 유명한 '이상적 공화국'의 개념을 도입해 정의의 본질을 설명한다. 그는 먼저 정의를 국가 수준에서 탐구하는데, 국가라는 큰 집단에서는 정의가 더 명확하게 보이고 이해하기 쉬워지기 때문이다. 그런 다음 다시 개인 수준에서 정의를 살펴보며 개인 안에서 정의를 어떻게 실현할 수 있는지를 설명한다. 소크라테스는 정의와 부정의injustice를 영혼의 상태로 보고 그것을 신체의 건강과 질병에 비유한다. 신체의 건강이 그 자체로 좋듯이, 영혼의 정의도 그 자체로 좋다는 것이다. 반면 병들거나 혼란스러운 영혼을 가진 사람은 이성적으로 자신을 통제하지 못하기 때문에 결국 행복할 수 없다고 말한다.

그렇지만 설령 영혼의 정의가 그 자체로 가치 있고 바람직하다는 소크라테스의 생각이 옳다고 하더라도 '기게스의 반지'를 가졌거나 가지지 못한 사람들 모두 정의롭지 못한 행동을 선택할 수 있고, 실제로 그렇게 행동한다. 사람들이 자기 행동의 결과를 두려워할 이유가 없고 잃을 것이 거의 없거나 전혀 없다면 우리는 그들을 더 이상 신뢰할 수 없다. 그리고 우리가 그들을 신뢰할 수 없으면, 그들 또한 우리를 신뢰할 수 없다. 신뢰가 무너지면 사람들은 서로를 적대적으로 대하고, 자신을 보호하기 위해 상대를 먼저 공격하기도 한다. 국가가 혼란에 빠지면 가장 부패하고 잔인한 자들이 마치 폭풍우 치는 바다 위의 거품처럼 수면 위로 떠오른다.

다행히도 그들의 포악무도한 행위는 오래가지 않을 것이다. 철학자 니콜로 마키아벨리는 전제 군주를 꿈꾸는 사람들을 위한 지침서라 할 수 있는 《군주론》에서, "승자는 아무리 큰 승리를 거두었더라도 정의를 어느 정도 존중해야 한다"고 경고한다.

아리스토텔레스는 《니코마코스 윤리학》에서 사람이 선해지는 것은 세 가지 중 하나, 즉 '본성', '이성', '습관' 중 하나에 의해 결정된다고 주장한다. 하지만 본성은 우리가 통제할 수 없는 영역 밖에 있고, 이성의 목소리를 오랫동안 귀

기울여 듣는 사람은 드물다. 본성과 이성을 빼고 나면 남는 것은 습관뿐인데, 미덕으로 여겨지는 대부분은 기계적으로 행해지는 관습에 지나지 않는다. 아리스토텔레스에 따르면 좋은 습관은 좋은 법에 따라 형성되므로, 결국 국가에서 실현된 정의는 개인의 정의로 전환된다.

●■◤

1588년 4월 5일, 잉글랜드 윌트셔에서 한 목사의 아내가 스페인 무적함대가 접근한다는 소식을 듣고 예정보다 일찍 아기를 출산했다. 그렇게 태어난 철학자 토머스 홉스는 훗날 "내 어머니는 쌍둥이를 낳았다. 하나는 나이고, 다른 하나는 두려움이다"라고 말한다.

홉스는 그의 대표작인 《리바이어던》에서 법과 신뢰, 평화가 없는 상태를 '자연 상태state of nature'라고 부른다. 그리고 이 상태는 사람들이 살기에 너무 끔찍하므로 사람들은 '두려움'과 '이성'이라는 두 가지 요소(그러나 주로 두려움)에 따라 서로 다른 생각이나 이익은 뒤로 제쳐두고 협력을 위해 사회를 형성하게 된다고 설명한다. 홉스는 자주 인용되는 한 구절에서 자연 상태에서 인간의 삶은 "고독하고, 가난하고, 험악하고, 잔인하며, 짧다"고 묘사한다.

홉스는 평화와 협력을 유지하기 위해서는 사회 계약을 통해 강력한 국가인 '리바이어던Leviathan'* 을 만들고 그 국가의 절대적인 주권자absolute sovereign가 질서를 유지해야 한다고 생각했다. 사람들은 개인의 안전과 사회적 안정, 번영을 위해 일부 권리를 포기하고 다른 사람의 자유와 충돌하지 않는 범위 내에서 자신의 자유를 제한하는 데 동의한다. 주권자의 역할은 그 계약을 집행하는 것인데, 계약은 인간의 본성 때문에 깨어질 위험이 항상 존재한다. 그리고 홉스는 인간의 본성에 대해 다음과 같이 말한다. "인간에게는 끝없이 권력을 추구하는 욕망이 있으며 이러한 욕망은 죽을 때까지 멈추지 않는다".

한편, 상호 협력이 서로의 이익에 부합하는 상황에서도 사람들이 왜 협력하지 않는지를 이해하려면 '게임 이론'을 살펴보는 것이 도움이 된다.

게임 이론의 모델로 가장 잘 알려진 것은 '죄수의 딜레마prisoner's dilemma'다. 이 모델에서는 두 명의 범죄 조직원이 체포되어 독방에 갇히는데, 그들은 서로를 포함해 다른 누구와도 대화를 나눌 수 없다고 가정한다. 경찰은 두 범죄자

---

* 구약성서에 나오는 괴수 '레비아탄'에서 유래한 이름으로, 강력한 국가와 그 국가의 최고 통치자인 절대적 주권자를 상징하는 개념이다.

를 대상으로 상대 죄수에게 불리한 증언을 하거나 침묵하는 것 중 하나를 선택하라고 말한다. 각각의 선택에 따르는 결과는 다음과 같다.

- 둘 다 침묵하면 각각 1년 형을 받는다.
- 둘 다 서로에게 불리한 증언을 하면 각각 2년 형을 받는다.
- 둘 중 한 명만 다른 사람에게 불리한 증언을 하면 불리한 증언을 한 사람은 석방되고, 다른 사람은 3년 형을 받는다.

다른 범죄자가 협력하든 하지 않든, 이기적인 관점에서 보면 상대를 배신하는 것이 자신에게는 유리해 보인다. 물론 이 사실은 상대 범죄자에게도 마찬가지다. 하지만 배신자는 조직이 살려두지 않는다는 것을 그들이 알거나, 조직을 그만둘 수 없다는 것을 안다면 상황이 달라진다. 결혼이라는 제도가 신뢰와 호의를 증진시키는 이유도 이와 비슷하다. 부부는 서로의 영향력에서 쉽게 벗어날 수 없다는 사실을 이미 알고 있기 때문이다. 홉스의 말대로 "칼 없는 계약은 빈말에 불과하다".

조직은 배신자를 죽인다는 것을 그들이 잘 알고 있다면

그들은 다른 독방에 있는 동료가 자신을 배신하지 않을 것임을 어느 정도 믿을 수 있을 것이다. 하지만 그것이 진정한 신뢰에서 비롯된 협력이라고 할 수 있을까?

다른 사람들이 나를 해치지 않을 것이라고 믿는 이유가 사회적 계약을 깨지 않는 것이 그들의 이기적인 관점에 부합하기 때문이라면, 이것은 그들에게 내 안녕을 맡긴다는 의미일까 아니면 단순히 나를 공격하지 않을 것이라고 믿는다는 의미일까?

만약 낯선 사람이 내게 총을 겨누고 강도짓을 한다면 나는 충격은 받겠지만 배신감은 느끼지 않을 것이다. 배신감은 신뢰를 전제로 했을 때만 느끼는 감정이기 때문이다. 홉스는 인간의 본성은 배신이며, 배신의 가능성을 포함하는 신뢰는 진정한 신뢰가 아니라고 한다. 또한 그는 '사회계약social contract'은 진정한 신뢰가 아닌, 모조품에 불과한 형식적이고 제한된 신뢰만을 제공한다고 말한다.

●■◤

하지만 다행히 인간의 본성은 홉스가 생각했던 것만큼 절망적이지는 않다. 사람은 가끔 고장을 일으키는 계산 기계가 아니라 우정, 사랑, 연민, 수치심, 죄책감과 같은 다양한 감정과 협력의 능력을 지닌 사회적 존재다. 이러한 친사회적 감정들은 사람들 간의 협력과 신뢰를 형성하는 데 확실히 긍정적인 역할을 한다. 신뢰라는 감정은 사랑이 있을 때 가장 크게 느껴지겠지만, 사랑하는 사람을 의지하면서도 그들을 신뢰하지 않는 것도 가능하다(예를 들어 아이들을 생각해보라). 반대로 의사나 판사처럼 우리에게 사랑이나 연민의 감정을 드러내지 않는 사람들을 신뢰하는 것 또한 충분히 가능하다.

개들이 보여주는 감정은 신뢰처럼 보일 수 있지만, 사실 그 감정은 '충성심loyalty'에 가깝다. 충성심은 신뢰보다 더 넓은 개념이다. 충성심은 보통 신뢰, 특히 오랜 신뢰를 기반으로 형성되지만 다른 요소들에도 기반할 수 있다. 예를 들어 국가나 축구팀 혹은 독재자에 대한 충성심은 신뢰와는 전혀 다른 것들에서 비롯한다. 'loyal(충성스러운)'이라는 단어는 'legal'과 연결되어 있고 봉건적 맥락에서 'allegiance(충성)'처럼 법적 의무와도 관련이 있지만 그보다는 감정적이거나 개인적인 헌신을 더 강조한다. 오늘날에도 충성심은 개인적 이익이나 욕망을 초월한 더 높은 가치나 목표를 위해 발휘되는 경우가 많다. 어떤 사람에게 '충성스럽다'고 하는 것은 약간 비하의 의미가 있을 수 있지만, '신뢰할 수 있다'고 하는 것은 언제나 그 사람의 가치를 높여준다.

진정한 신뢰가 구축되는 것은 다음 두 가지 조건이 충족될 때다. 첫째, 내가 소중히 여기는 무언가에 관해 적절한 자격이나 능력을 갖춘 사람에게 최소한의 책임을 맡도록 요청하거나 허락하며 특정한 범위 내에서 나 자신과 나의 안녕을 맡기거나 의존하는 것이다. 둘째, 그들이 그 책임을 수락하거나 상황에 따라 그들이 책임을 질 것이라고 합리적으로 기대할 수 있는 경우다. 예를 들면 나는 건강 문제에 대해 주치의를 신뢰한다. 왜냐하면 그는 전문적 의료지식을 갖추었고, 담당 의사로서 내 건강에 대해 어느 정도 책임을 맡았기 때문이다. 물론 내가 그에게 그렇게 하도록 요청했거나 허락했기 때문이기도 하다.

그렇지만 내가 주치의를 모든 면에서 신뢰하는 것은 아니다. 그의 직업적 특수성과 우리 둘의 관계를 고려했을 때 건강에 대해서는 그를 신뢰하지만, 재정에 대해서라면 그렇지 않다.

내 주치의는 여러 가지 이유로 자신의 역할을 그만둘 수 있다. 그런 경우 나는 그 사실을 미리 통지받고 내가 소중히 여겨 그에게 맡긴 것, 즉 내 건강을 보호하기 위해 그가 적절한 인계 절차를 마련해 주기를 기대할 것이다. 그가 이런 방식으로 주치의의 역할을 마무리한다면 나는 서운함은 느낄지언정 배신감은 느끼지 않을 것이다.

프랑스어로 '신뢰'는 '콩피앙스confiance'다. 이 말은 유사한 영어 단어인 'confidence'처럼 '믿음이 있다'는 뜻을 담고 있다. 다른 사람들이 우리를 실망시키지 않으리라는 보장은 없다. 그럼에도 그들을 신뢰하려면, 마치 신을 믿을 때처럼 보이지 않거나 증명할 수 없는 것을 믿는 결단, 즉 '믿음의 도약leap of faith'이 필요할지 모른다. 모든 사람을 완벽하게 신뢰할 수는 없겠지만, 그래도 일부는 우리를 속이지 않을 것이고, 그들이 간혹 실망을 주더라도 비교적 가벼운 실망에 그치리라고 믿는 것 말이다.

폭풍 속에서 하느님에 대한 신뢰를 설교하는 성 토마스 아퀴나스 1823 © Artvee
아리 셰퍼 Ary Scheffer

"믿음은 인간에게 있어 가장 큰 열정이다."
_쇠렌 키르케고르

19

용서 Forgiveness

| 잊는 것이 아니라 자유로워지는 것이다 |

몇 년 전, 프랑스의 유명한 주류 수집가인 미셸 자크 샤세이Michel-Jack Chasseuil의 와인 저장고에 강도 5명이 침입하려다 체포된 사건이 있었다. 강도들은 칼라시니코프(러시아의 경기관총)로 샤세이를 위협하고 주먹질했으며 심지어 손가락도 부러뜨렸다. 샤세이는 그 끔찍한 일을 당한 뒤 이렇게 말했다. "나는 그들을 용서하지만forgive, 그들이 한 짓을 용인하지는excuse 않겠다".

그의 말은 무슨 뜻일까? '용서하다'와 '용인하다'는 어떤 차이가 있을까?

'용서'는 잘못된 행위나 상황에서 비롯된 분노, 원한, 복수심 같은 부정적 감정을 넘어서는 것을 의미한다. 이에 반해 '용인'은 잘못된 행위나 상황에 따른 도덕적 책임을 완화해주거나 그 책임을 완화해주려고 노력함으로써 잘못을 저지른 사람의 죄를 덜어주려는 목적을 가진다. 따라서 샤세이는 강도들에 대한 부정적인 감정은 극복했지만, 그렇다고 그들의 잘못이나 책임을 줄여줄 마음은 없을 것이다.

'용서하다'와 비슷한 개념에는 '용납하다condone', '허용하다tolerate', '사면하다pardon'가 있다. '용인하다'가 잘못된 행동에 대한 도덕적 책임을 완화해주는 것이라면, '용납하다'는 부정적인 판단과 그에 따른 감정들을 눈감아주거나 무시함으로써 처음부터 잘못 자체를 인정하지 않는 것이다. '허용하다'는 적어도 도덕적 의미에서는 잘못이 있음을 알지만 아무 일도 없었던 것처럼 행동하는 것이다. '사면하다'는 그 사람이 잘못을 의도하지 않았다는 이유로 잘못을 문제 삼지 않는 것이다. 또한 '사면'은 대통령 같은 제3의 권위자에 의해 시행되는 법적이고 정치적인 개념으로, 유죄 판결을 받은 사람의 죄를 용서하는 것이며, 사면을 받은 사람이 이를 받아들여야 한다.

용서는 '자비mercy'와도 차이가 있다. 자비란 원래는 비난하거나 처벌하려 했던 사람에게 연민을 느껴 관대하게 대하는 것을 의미한다. 사법적 맥락에서 자비(또는 관용clemency)는 철학자 존 로크가 말했듯이, "법의 규정에 구애받지 않고, 때로는 법에 반하여서라도 공익을 위해 재량에 따라 행동할 수 있는 권한"이다.

'용납condoning'과 '허용tolerating'은 주로 반복적인 행동이나 습관에 관한 것이고, '용서'는 특정한 잘못이나 실수에 관한 것이다. 또한, 용납이나 허용은 잘못된 행동이 다른 사람에게 영향을 미쳤을 때 우리가 선택할 수 있는 반응이라면, 용서는 그 잘못이 내게 직접 영향을 미쳤을 때 할 수 있는 반응이다. 게다가 우리가 용서하는 대상은 결국 잘못된 행동 자체가 아니라 그 행동을 저지른 사람이다.

용서는 단순히 상대방의 잘못을 넘어가거나 참아주는 것을 넘어서, 나와 상대방 간의 도덕적 관계를 바로잡는 것을 목표로 한다. 예를 들어 내가 누군가를 "용서한다"라고 말하는 것은 그 사람이 내게 잘못을 저질렀다는 것을(혹은 적어도 나는 그렇게 생각한다는 것을) 전제로 하며, 어떤 의미에서 그 사람이 내게 빚을 진 상태가 된다는 얘기다. 하지만 그는 자신이 잘못을 저질렀다고 느끼지 않는데 내가 그를 용서한다면 상대는 그 용서를 부당하게 받아들일 수 있다. 그래서 때로는, 특히 사소한 잘못에 대해서는 "용서한다"고 굳이 말하지 않고 이미 용서한 것처럼 행동하는 것이 더 현명할 수 있다.

용서가 단순히 원망이나 분노를 없애는 것이라면, 기억 상실이나 죽음처럼 원망을 더 이상 느낄 수 없는 상황에서도 용서가 성립될 수도 있을 것이다. 하지만 진정한 용서는 피해를 본 사람이 복수하고 싶은 마음을 내려놓고, 분노를 이겨내며, 무엇보다 두 사람 간의 관계를 평등한 도덕적 관계로 재정립해서, 잘못을 저지른 사람의 위치를 회복시키는 특별한 과정을 포함한다.

과거에는 잘못을 저지른 사람이 공식적인 사죄 의식을 통해 피해자의 체면과 자존심을 지켜주면서 용서를 구했다. 그리고 이런 절차가 용서를 쉽게 받아들이게 만드는 역할을 했다. 1077년 1월, 신성로마제국의 황제 하인리히 4세는 교황 그레고리오 7세에게 자신의 파문 철회를 간청하기 위해 북부 이탈리아의 카노사 성까지 걸어갔다. 하인리히 4세는 그레고리오 교황의 퇴위를 요구하며 그의 분노를 샀지만, 자신의 왕위를 지키려면 교황의 파문 철회가 절실히 필요했다. 그레고리오 교황은 파문을 철회해주기 전에 하인리히 4세를 성 밖에서 사흘 내내 눈보라 속에서 무릎을 꿇고 기다리게 했다. 이런 하인리히의 굴욕적인 사죄 의식 덕분에 그레고리오 교황은 자신의 권위와 위신을 지키면서 하인리히의 파문을 철회할 수 있었다. 그로부터 몇백 년이 지나, 독일 제국의 수상 오토 폰 비스마르크는 교황 비오 9세를 상대로 '문화투쟁Kulturkampf'• 을 벌일 당시, 하인리히 4세가 교황 앞에서 굴욕적인 사죄를 한 역사적 사건에 빗대 자신은 순순히 굴욕을 감수하지 않겠다는 의미로 제국 의회에서 "우리는 카노사로 가지 않는다"라고 선언했다.

다행히 오늘날에는 잘못의 정도에 따라 꽃다발이나 초콜릿을 선물하는 것으로 사과의 마음을 표현할 수 있다.

한편, 용서는 피해자와 가해자 사이의 도덕적 관계를 재조정함으로써 둘 간의 관계를 회복시키고, 그들을 짓누르던 분노나 죄책감을 덜어주어 정상적인 삶을 살아갈 수 있게 한다. 더욱이 용서는 상호 존중과 책임감 같은 원칙을 강조하여 사회적 유대감을 강화하는 역할을 한다.

용서는 톨스토이의 명작 《전쟁과 평화》의 중요한 주제이기도 하다. 예를 들어 마리야 공주는 아버지를 용서하고, 나타샤는 아나톨리 쿠라긴을 용서하며, 안드레이 공작은 나타샤를 용서하고, 피에르는 돌로호프를 용서한다. 이 과정이 결코 쉬운 일은 아니었지만, 용서를 통해 이 인물들은 내적으로 성장할 수 있었을 뿐 아니라, 용서는 독자들의 마음에도 감동을 일으킨다. 반면에 로스토바 백작부인과 니

• 19세기 독일에서 오토 폰 비스마르크가 가톨릭교회의 정치적·사회적 영향력을 약화시키고 국가 권력을 강화하기 위해 벌인 투쟁.

콜라이 볼콘스키 공작과 같은 인물들은 용서하지 못하거나 용서를 구하지 못해 부정적인 감정에 휩싸여 결국 몰락하고 만다. 그들의 마음속 증오심이 그들을 갉아먹어 삶에서 더 중요한 부분을 보지 못하게 만들었기 때문이다.

●■◤

그렇다면 우리는 어떤 상황에서도 잘못을 저지른 사람을 용서해야 할까? 가령 살인처럼 어떤 범죄는 너무 중대한 잘못이라 절대로 용서할 수 없는 것도 있다. 세상에 용서하지 못할 일은 없다지만, 가해자가 잘못을 뉘우치지 않거나 충분히 반성하지 않은 경우에는 용서가 반드시 옳은 선택이 아닐 것이다. 가해자가 잘못을 뉘우치지 않는데도 잘못을 용서하면 잘못된 행동을 묵인해 똑같은 잘못을 반복하게 만들 수 있다. 반면에 용서를 보류하면 그 행동이 용납될 수 없다는 메시지를 주어 가해자가 반성하도록 압박할 수 있다. 처음에 느낀 분노가 사라졌더라도 일종의 도덕적 항의나 가해자에게 교훈을 주기 위한 목적, 혹은 여러 가지 신중한 판단에 따라(예를 들어, 가해자가 폭력을 행사할 가능성이 있을 때) 용서를 보류하는 것이 더 현명한 방법이기도 한 것이다. 따라서 용서는 분노나 원망을 극복하는 것 이상의 의미가 있다.

흥미롭게도 플라톤이나 아리스토텔레스와 같은 고대 그리스의 철학자들은 용서를 미덕으로 여기지 않았고, 정당한 이유로 생긴 분노나 원한을 없애기 위해 가해자를 용서해야 한다는 생각에도 동의하지도 않았다. 그들은, 그리고 더 넓은 의미에서 고대 그리스와 로마 시대의 사상에서 볼 때, 덕이 있는 사람은 자신보다 도덕적으로 열등한 사람들로부터 도덕적 해를 입지 않기 때문에 덕이 없는 사람에 대한 용서는 필요하지 않다고 생각했다. 플라톤이 쓴《소크라테스의 변론》에서 소크라테스는 배심원들에게 자신을 고발한 멜레토스와 아니토스가 자신에게 해를 끼칠 수 없을 것이라고 말한다. 그리고 그 이유는 "도덕적으로 열등한 사람이 자신보다 나은 사람에게 해를 끼치는 것은 자연의 이치에 맞지 않기 때문"이다.

아리스토텔레스는《니코마코스 윤리학》에서 자발적인 행동은 그 결과에 따라 칭찬이나 비난을 받을 수 있지만, 비자발적인 행동은 그 행위자에게 책임을 묻지 않고 용서하는 것이 마땅하다고 말한다. 중요한 점은 일단 거의 모든 행위가 자발적이므로 용서의 대상이 아니라는 것이다. 또한 아리스토텔레스는《수사학》에서 분노가 가라앉는 경우는 상대의 행위가 그럴 만하다고 느끼거나 시간이 흘렀을 때,

그리고 복수를 실행했을 때라고 말한다. 하지만 단테에게 '모든 지식인들의 스승'으로 인정받은 아리스토텔레스가 용서를 문제 해결의 수단으로는 전혀 언급하지 않았다는 점이 흥미롭다.

성경에서 말하는 용서의 개념도 그리스·로마 시대와 마찬가지로 분노나 원망을 극복하는 것보다 잘못이나 죄를 사면하는 것과 더 관련이 있다. 성경에서 '용서'로 종종 번역되는 그리스어 '아피에미aphiemi'는 사실 '빚이나 속박에서 벗어나게 하다, 풀어주다'를 의미한다. 〈레위기〉 16장 10절에서는 속죄 염소가 사람들의 죄를 대신 짊어지고 광야로 보내지는 의식에서 '아피에미'라는 단어가 사용된다. 물론 궁극적인 속죄 염소는 그리스도다. 그래서 세례 요한은 예수를 처음 보았을 때, "보라, 세상 죄를 지고 가는 하나님의 어린 양이로다!"• 라고 외쳤다.

기독교 윤리에서 말하는 용서란 하나님이 인간의 죄를 조건 없이 용서하고 죄를 멀리 던져버리신 것처럼, 다른 사람의 잘못을 더는 따지지 않는 것과 같다. 용서는 단순히 하나님을 모방하는 것에 그치지 않고, "너희가 남의 잘못을 용서하면, 하늘에 계신 아버지께서도 너희를 용서하시

• 〈요한복음〉 1장 29절.

리라"[•] 라는 말씀처럼 하나님도 우리를 모방하게 하려는 것이다. 용서는 곧 사랑의 표현이다. 우리가 사람들에게 베푸는 사랑은 하나님이 우리에게 준 사랑이 우리를 통해 다시 퍼져나가는 것이며, 용서는 하나님의 사랑을 가장 깊게 표현하는 행위다.

이러한 개념은 '탕자의 비유'에서 잘 드러난다. 한 부유한 남자에게 두 아들이 있었다. 둘째 아들은 아버지에게 자신이 받을 유산을 미리 달라고 요구했고(이 시기에는 유산을 미리 달라고 하는 것은 아버지가 죽기를 바라는 것과 같은 의미였다), 이를 받은 후 멀리 떠나 방탕하게 생활하며 재산을 모두 탕진했다. 결국 그는 너무 가난해져 돼지를 치며 살아가게 됐고, 심지어 돼지가 먹는 음식조차 부러워할 정도로 궁핍하게 살았다. 배고픔에 시달리다 못한 둘째 아들은 아버지에게 돌아가 종으로라도 받아달라고 간청한다. 집으로 돌아온 아들을 본 아버지는 아들을 꾸짖는 대신 아들을 품에 얼싸안으며 용서한다. 하지만 맏아들은 아버지가 동생이 돌아온 것을 기뻐하며 잔치를 열자 불만을 드러냈다. 자신은 항상 아버지를 성실히 도왔는데도 그런 대접을 받은 적이 없다고 말이다. 이에 아버지는 맏아들에게 이렇게 대답한다. "네 동

• 〈마태복음〉 6장 14절.

생은 죽었다가 다시 살아났고, 잃었다가 다시 찾았으니, 기뻐하는 것이 마땅하다".

돌아온 탕자 1773 빈 미술사 박물관 소장
폼페오 지롤라모 바토니 Pompeo Girolamo Batoni

그리스·로마 시대와 성경에서 말하는 '용서'는 현대의 기준에서 보면 다소 불완전하거나 부족하게 느껴질 수 있다. 그러나 이런 점 때문에 오히려 현대적 용서 개념이 가진 중요한 문제를 피할 수 있다.

현대의 용서는 흔히 '원망하지 않는 것'으로 정의되지만, 여기에는 문제가 있다. 극복해야 할 '원망resentment' 자체가 반드시 부적절한 감정은 아닐 수 있기 때문에 용서가 내재적·도덕적 가치를 지니지 않을 가능성이 생기는 것이다.

쉽게 말해서 사람들이 자유 의지가 없고 자신의 행동을 통제할 수 없다면 누군가를 원망하는 것은 도덕적으로 아무런 의미가 없다. 하지만 사람들이 자유 의지가 있고 상대의 행동이 도덕적 기준에 미치지 못한다면 적절한 수준의 원망은 정당하다. 만약 상대가 잘못을 뉘우친다면 더 이상 그를 원망할 이유가 없으므로 용서에 따르는 특별한 노력이 필요하지 않다. 하지만 상대가 잘못을 뉘우치지 않는다면 그를 원망하는 것은 도덕적으로 옳은 반응이며, 그런 상황에서조차 상대를 용서한다면 나의 원망이 부적절하거나 과도하다는 잘못된 메시지를 줄 수 있다.

용서의 개념은 복잡하다. 따라서 우리는 무턱대고 용서하는 법을 배우기보다는 '올바르게 분노하는 법'과, 때에 따라서 '올바르게 관용을 베푸는 법'을 배울 필요가 있다.

20

공감 Empathy

| 타인의 신발을 신고 걸어 보라 |

1909년, 영국의 심리학자 에드워드 티치너Edward Titchener는 '감정 이입'을 뜻하는 독일어 'Einfühlung'을 영어로 세밀하게 번역하기 위해 '공감empathy'이라는 신조어를 만들었다. 당시 독일의 철학자들은 주로 예술적 평가나 미적 평가의 맥락에서 공감을 논의했지만, 티치너는 사람들이 감정과 생각을 지닌 존재로 서로를 이해하는 데 공감 개념을 활용하는 것이 도움이 될 수 있다고 생각했다.

오늘날 공감의 의미는 다른 사람이나 가상의 인물, 혹은 감각이 있는 존재의 감정을 이해하고 공유할 수 있는 능력으로 정의할 수 있다. 공감은 두 가지 요소를 포함하는데, 첫째는 다른 사람의 관점에서 상황을 바라보는 것, 둘째는 다른 사람이 느끼는 감정을 어느 정도 비슷하게 느끼는 것이다.

다른 사람의 관점을 이해하기 위해서는 단순히 그의 입장이나 상황에 자신을 대입해 보는 것만으로는 충분하지 않다. 내가 그가 된 것처럼, 그의 감정과 생각을 상상해봐야 한다. 우리는 구체적인 상황이나 사람과 연결되지 않은 감정에는 공감하기 어렵다. 개별적이고 구체적인 사람의 감정과 상황을 이해할 수 있을 때 상대방의 마음에 공감할 수 있다. 따라서 누군가에게 공감하기 위해서는 그가 어떤 사람인지, 무엇을 하고 있는지 혹은 하려는지 어느 정도 이해할 필요가 있다. 그리고 그 사람의 배경은 어떠한지, 앞으로 무엇을 하고 있는지 (혹은 하려는지) 어느 정도 알아야 한다. 존 스타인벡이 썼듯이, "굶주리는 중국인 한 명을 알지 못한다면 수백만 명의 중국인이 굶주리고 있다는 사실을 아는 것은 별 의미가 없다".

© pexels

"공감은 그의 눈으로 보고,
그의 감정으로 느끼며,
그의 마음으로 이해하는 것이다."
_칼 로저스Carl Rogers•

한편, 공감은 '동정pity', '동감sympathy', '연민compassion'과 혼동하기 쉬운데, 이러한 감정들은 모두 타인의 어려운 상황에 대한 친사회적 반응이다. 하나씩 차례로 살펴보자.

'동정'은 하나 이상의 감각을 가진 존재의 고통에 불편함을 느끼는 감정이며, 일반적으로 '온정주의적 태도'나 약간의 우월감이 깔려 있다. 이 개념에는 '동정의 대상이 현재 겪고 있는 고통이나 어려움을 당할 만한 이유가 없고, 그 대상이 고통을 막거나 극복할 수 없다'는 생각이 내포되어

• 미국의 심리학자로 인간중심 상담 치료의 창시자.

있다. 동정은 동감이나 공감, 연민보다는 고통을 겪는 대상에 대한 적극적인 개입이 부족하며, 단순히 그들의 고통을 인식하는 수준에 머무르는 경우가 많다.

'동감'은 그리스어로 'sympatheia', 즉 '함께 느끼는 감정'이나 '감정의 공동체'를 뜻하는데, 주로 가까운 사람이나 공감대를 형성하는 사람에 대한 배려나 관심을 의미하며 그의 상황이 더 나아지기를 바라는 마음을 담고 있다. 동정보다는 상대방과의 공통점을 더 많이 인식하고 감정적으로 더 깊이 관여된 상태다. 그러나 공감과 달리 동감은 상대방의 관점이나 감정을 공유하는 것은 아니다. 상대방에 대한 배려나 관심은 있지만, 그 사람의 고통까지 동일하게 느끼지는 않는다.

동감과 공감은 비슷한 의미로 사용될 때가 많지만, 정확히는 다른 뜻을 가진다. 예를 들어, 고슴도치를 동정하고 연민하는 것은 가능해도 엄밀히 말해 그들에게 공감하는 것은 불가능하다. 반대 맥락에서, 사이코패스는 다른 사람에 대한 동정심을 전혀 느끼지 못하지만, 공감 능력을 활용해서 다른 사람을 함정에 빠뜨리고 괴롭힐 수 있다. 또한 동감은 '자비심benevolence'과도 다른데, 자비심은 상대방에게 감정적으로 깊이 관여하지 않고 어느 정도 거리를 둔 일반적 태도를 의미한다. 예를 들면 내가 옆집 사람에게 가질 수 있는 태도나 선생님이 학생에게 가질 수 있는 태도, 또는 왕이 신하에게 가질 수 있는 태도가 이에 속한다.

라틴어로 '함께 고통받다'라는 의미의 '연민'은 공감보다 더 적극적으로 상대에게 개입하며, 상대의 고통을 덜어주려는 마음이 담겨 있다. 공감이 단순히 상대방의 감정을 공유하는 것이라면, 연민은 그 감정을 보편적이고 초월적인 경험으로 승화시킨다.

●■◤

어느 날, 친구가 눈물을 흘리며 어렸을 때 아빠로부터 성적 학대를 당했다고 털어놓았다. 그 말을 듣고 놀란 나는 친구를 위로하고 싶은 마음에 "네 기분이 어떤지 잘 알아"라고 말했다. 그런데 당황스럽게도 그 친구는 "아니, 넌 몰라! 네가 내 기분을 어떻게 알겠어?"라고 되받아쳤다. 여기서 주목할 점은 내가 자신의 감정을 알 수 없다고 주장하는 그 친구는, 자신은 내 감정을 알고 있다는 것을 전제한다는 것이다. 적어도 내가 어떤 감정을 느끼든, 그 감정은 자신의 감정과는 다르다고 말하는 셈이다. 하지만 내가 자신의 감정을 알 수 없다고 주장하는 그 친구의 말이 옳다면, 그는 내가 어떤 감정을 느끼는지 어떻게 알 수 있으며,

내가 느끼는 감정이 자신의 감정과 다르다는 것은 어떻게 알 수 있을까? 도교의 두 가지 주요 경전 중 하나인《장자》에서도 이와 비슷한 역설이 제기된다.

장자와 혜자는 하오 강의 다리를 건너가고 있었다. 장자가 말했다. "저 물고기들이 한가로이 헤엄치고 있으니, 이것이 바로 물고기의 즐거움이로구나." 그러자 혜자가 말했다. "자네는 물고기가 아닌데 어떻게 물고기의 즐거움을 알 수 있는가?" 이에 장자는, "자네는 내가 아닌데 어떻게 내가 물고기의 즐거움을 알지 못하는지 알 수 있겠는가?"라고 했다. 그러자 혜자가 말했다. "내가 자네가 아니므로 자네의 마음을 완전히 알지 못한다는 것은 인정하네. 그러니 자네도 물고기가 아닌지라 당연히 물고기의 즐거움을 알지 못하는 것이 아니겠나." 이에 장자가 이렇게 말했다. "다시 처음으로 돌아가 보세. 자네가 나를 보고 '물고기의 즐거움을 어떻게 아느냐'고 물은 것은, 내가 그것을 알고 있다고 가정하고 물은 것이 아닌가. 그러니 나는 그것을 강 위에서 보고 알았다고 하는 걸세."

●■◤

진화적 관점에서 보면, 공감 능력은 부모의 보살핌, 친사회적 행동, 비언어적 의사소통을 촉진하고, 더 나아가 공감하는 유전자 풀gene pool의 생존 가능성을 높여주기 때문에 선택된 것이다. 공감 능력은 사회적 상호작용, 집단적 계획, 자원 재분배, 교육과 학습, 이야기나 다양한 예술적 표현을 촉진함으로써 사회와 사회 구성원의 힘, 안정성, 회복력을 높여준다.

아울러 공감 능력은 타인의 행동과 반응을 예상하고, 그들의 끊임없이 변하는 요구와 기대에 효과적으로 대응할 수 있게 해준다. 공감은 타인과 하나가 된다는 의미는 아니다. 타인의 마음에 공감한다는 것은 그 대상과 어느 정도 감정적 거리를 유지하므로, 공감하는 대상에 대해 규범적 판단을 내리고 최선의 이익을 신중히 따져볼 수 있는 여지를 제공한다.

그렇긴 하지만 공감은 때때로 도덕적 판단을 왜곡해 다수의 이익보다는 특정 개인이나 소수의 이익을 우선하게 만들 수 있다. 또한 공감은 타인의 감정을 깊이 공유하는 과정에서 괴로움과 피로감을 초래할 수 있다. 그래서 의사나 간호사와 같은 의료 종사자들은 '공감 피로compassion fatigue'와 '번아웃'을 막기 위해 공감 능력을 억제하거나 조절하기도 한다. 이는 상대방의 고통에 무관심하거나 냉담해서가 아니라, 자신을 보호하려는 조치다.

하지만 스트레스가 덜한 환경에서는 공감을 발휘하는 것이 보람을 느끼게 하고 새로운 활력을 줄 때가 많다. 의료진들 역시 적절한 수준에서 환자들과 공감할 수 있을 때 자기 일에서 더 큰 성취감을 느낄 가능성이 높으며, 무엇보다 환자들에게도 긍정적인 영향을 미친다.

21

사랑 Love

| 주변에 있는 모든 것들의 궁극적 의미[•] |

사랑이라는 감정은 시대의 변화와 함께 의미가 많이 달라졌다. 오늘날에는 주로 낭만적 관점에서 사랑에 관해 이야기하지만, 성경을 보면 66권 가운데 낭만적 사랑의 개념이 등장하는 곳은 없으며, 성경에서 말하는 사랑은 모두 하나님을 향해 있다. 배우자에 대한 사랑이나 더 일반적 의미에서의 타인에 대한 사랑은 하나님의 사랑 안에 포함되어 있고, 하나님의 사랑을 표현하는 방식이다. 따라서 〈창세기〉 22장 중 '이삭의 희생' 이야기에서 아브라함은 오랜 기다림 끝에 얻은 귀한 아들인 이삭에 대한 사랑보다 하나님에 대

• 인도의 시인이며 철학자 겸 작가, 라빈드라나드 타고르의 말.

한 사랑을 우선한다. 그리하여 아브라함은 그의 믿음을 시험하기 위한 하나님의 요청에 기꺼이 응해 아들을 희생시키려고 한다.

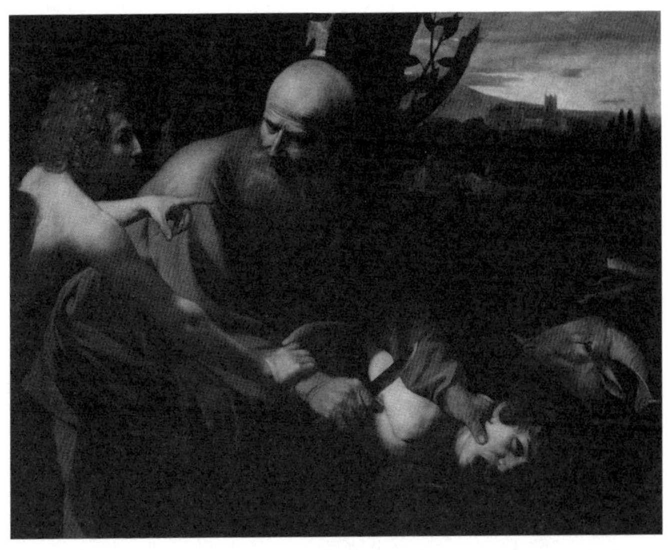

이삭의 희생 1603 피렌체 우피치 미술관 소장
카라바조 Caravaggio

고대에도 사람들은 사랑에 빠졌지만 오늘날 우리가 생각하는 것처럼 사랑이 어떤 의미에서든 자신을 지켜줄 수 있다고 믿지는 않았다. 《일리아드》에서 헬레네가 파리스와 함께 도피하는 바람에 트로이 전쟁이 일어났을 때, 그들 자신을 포함한 누구도 둘의 사랑이 순수하거나 고귀하거나 숭고하다고 생각하지 않았다.

그러나 세월이 흐르면서 종교의 힘이 약해지고, 그 빈자리를 낭만적인 사랑이 대신 차지하게 되었다. 사람들은 한때 신을 사랑했지만, 이제는 사랑을 더 사랑한다. 즉, 사람을 사랑하는 것보다 사랑이라는 개념 자체를 더 사랑한다.

낭만주의 시대, 특히 프랑스 혁명 시기를 전후로 사랑의 의미가 변화했다. 사랑은 자신의 자아를 찾고 확인하는 수단이 됐으며 삶에 중요성과 견고함을 부여하는 방식으로 발전했다. 이와 같은 변화는 1978년 실베스터Sylvester• 의 히트곡인 〈You Make Me Feel (Mighty Real)〉과 영화 〈시네마 천국〉의 마지막 키스 장면 모음, 그 외 수많은 대중가요와 영화에서 잘 드러난다.

신이 중심이었던 시대에서 사랑은, 더 정확히 말해서 '신의 뜻에 온전히 자신을 맡기는 것'은 오랜 시간 인내하며 수행해야 하는 영적인 노력이 필요했다. 하지만 프랑스 혁명 이후에는 종교적 헌신이나 희생이 없이도 낭만적 사랑이 누구에게나 구원이 되어주기 시작했다. 즉, 구원을 받는 것이 단순히 운의 문제가 된 것이다.

• 1970년대 후반~1980년대 초반 디스코와 소울 장르에서 큰 인기를 끌었던 미국의 가수.

●■◤

고대 그리스인들은 사랑의 종류에 따라 여러 단어로 더 세밀하게 구분해서 사용했다. 예를 들어, '에로스eros'는 성적 사랑이나 열정적인 사랑을 의미했고, '필리아philia'는 친구 간의 우정, '스토르게storge'는 가족 간의 사랑, '아가페agape'는 다른 사람들이나 자연, 신에 대한 보편적인 사랑을 의미했다.

사랑을 의미하는 단어가 더 세밀하게 구분되어 있으면 더 다양하고 새로운 관점에서 사랑에 관해 이야기할 수 있다. 예를 들어, 사람들은 연애를 처음 시작할 때 무조건적인 사랑인 스토르게를 기대하지만, 실제로 그들이 경험하는 것은 에로스적인 사랑이 되기 쉽다. 그러다 시간이 지나 운 좋게도 그 관계가 성숙해지면 필리아와 같은 사랑으로 발전할 수 있다. 또는 플라톤의 사상에서처럼 가장 이상적인 필리아는 에로스에서 시작된 후, 다시 에로스로 되돌아가 에로스를 더욱 단단하게 키우며, 그 과정에서 에로스를 단순한 소유욕에서 더 깊은 철학적 탐구로 변모시킨다.

하지만 사랑이라는 감정의 의미를 더 깊게 이해하려면 서로 다른 형태의 사랑에 어떤 공통점이 있는지 알아야 한다. 다시 말해 에로스와 필리아, 스토르게, 아가페를 하나로 묶는 것은 무엇일까? 그 모두를 사랑의 한 형태로 만드는 공통 요소는 무엇일까?

나는 그것이 결국 나 자신을 넘어서 무언가를 향해 나아가는 노력이라고 생각한다. 서로 다른 형태의 사랑은 우리의 삶에 목적과 책임과 의미를 부여하는 것이어야 하고, 때로는 우리 내면에 흡수되거나 통합되는 정도가 되어야 한다. 포옹, 사랑의 입맞춤, 성찬식의 빵과 포도주는 바로 이러한 사랑의 과정을 상징한다.

사랑은 마치 바닷가재가 껍데기를 벗고 더 크게 자라는 것처럼 우리가 자신의 한계를 넘어 더 큰 존재로 성장할 수 있게 하는 자연적인 힘이다. 그래서 사랑이 작은 사람은 그만큼 작은 존재로 머무는 것이다.

22

입맞춤 Kissing

| 사랑, 신뢰, 권위, 낭만의 상징적 행위 |

입맞춤은 모든 사람에게 보편적인 행동은 아니다. 세상에는 아직도 입맞춤이라는 행위를 하지 않는 문화가 존재한다. 그런 점에서 입맞춤은 우리가 흔히 생각하는 것처럼 본능적이거나 직관적인 행동은 아니라고 할 수 있다.

입맞춤의 기원에 대한 한 가지 가설은 어머니가 음식을 씹어 입으로 아기에게 먹이는 행위인 '키스 피딩kiss feeding'에서 발전했다는 것이다.

또 다른 가능성은 입맞춤이 문화적으로 형성된 일종의 '그루밍grooming' 행동일 수 있다는 것이다. 아니면 적어도 진한 키스나 성적인 키스의 경우, 삽입 성행위를 상징하거나, 대체 혹은 보완하는 역할로 여긴다.

어쨌든 입맞춤이라는 행위가 인간만의 전유물이 아닌 것은 확실하다. 보노보 원숭이 같은 영장류는 종종 서로 입맞춤을 한다. 개와 고양이는 다른 개체 혹은 다른 종들과 핥거나 코를 비비는 행동을 하며, 달팽이나 일부 곤충들은 더듬이를 맞대거나 문지르는 행동을 한다. 사실 그것은 입맞춤이라기보다는 그루밍을 하거나 냄새를 맡거나 의사소통의 역할을 하는 것일 수 있지만, 신뢰를 쌓고 관계를 강화하는 데 중요한 역할을 한다는 것에는 틀림이 없다.

고대 인도의 베다 경전에는 입맞춤에 대한 언급으로 보이는 이야기가 있고, 기원후 2세기경에 쓰인 것으로 추정되는 《카마수트라》에서는 다양한 입맞춤의 방식을 설명하기 위해 한 장(章) 전체를 할애한다. 일부 인류학자들은 기원전 326년 알렉산더 대왕이 인도를 침략한 후 그리스인들이 인도인들로부터 성적인 키스를 배웠다고 주장하기도 한다. 설령 그 말이 사실이라 해도 성적인 키스가 인도에서 시작됐다거나, 베다 경전이 구전으로 전해지기 전에는 성적인 키스가 존재하지 않았다는 것을 의미하지는 않는다.

기원전 9세기경에 쓰인 호메로스의 《일리아드》에서는 트로이의 프리아모스 왕이 아들 헥토르의 훼손된 시신을 돌려달라고 간청하며 아킬레우스의 손에 입을 맞추는 장면이 인상 깊게 묘사된다.

> 아킬레우스여! 신의 분노를 두려워하고 그대의 아버지를 생각하여 내게 동정을 베풀어 주시오. 나는 더 동정받아 마땅하오. 나는 세상의 그 어떤 사람도 차마 못할 짓을 하고 있지 않소! 내 아들을 죽인 사람의 손에 입을 맞추고 있으니 말이오.

헤로도토스는 기원전 5세기경에 쓴 《역사》에서 페르시아인들 사이의 입맞춤에 대해 언급한다. 페르시아인들은 같은 계급의 남자에게는 입술에, 자신보다 조금 낮은 계급의 남자에게는 뺨에 입맞춤하며 인사를 나눴다고 한다. 또한 이집트인들은 소를 신성하게 여겼는데, 그리스인들이 그 소를 먹었기 때문에 이집트인들은 그리스인들과 입을 맞추는 것을 꺼렸다고 한다.

입맞춤은 구약성서에도 등장한다. 야곱은 형 에서로 변장한 뒤 눈먼 아버지 이삭에게 입맞춤하여 장자의 축복을 가로챘다(《창세기》 27장). 구약성서 중 〈아가서〉에서는 "그대의 사랑은 포도주보다 달콤하오니 그대의 입술로 내게 입맞춤하게 하소서"라고 성적인 입맞춤을 찬미한다.

로마 시대에는 입맞춤이 훨씬 더 보편화됐다. 로마인들은 배우자나 연인, 가족, 친구, 통치자에게 입맞춤했다. 손이나 뺨에 하는 입맞춤은 '오스쿨룸osculum', 입술에 하는 입맞춤은 '바시움basium', 깊고 열정적인 입맞춤을 '사볼리움savolium'으로 구분해서 표현했다.

오비디우스•와 카툴루스••와 같은 로마 시인들은 카툴루스의 시 〈제8편〉에서처럼 입맞춤을 찬미했다.

잘 가라, 그대여! 이제 카툴루스는 단호하다.

그는 너를 찾지 않을 것이며, 싫다는데 애걸하지 않을 것이다.

하지만 아무도 너를 찾지 않을 때 비탄에 젖겠지.

사악한 여자여, 네게 불행이 따르리.

네게 이제 어떤 인생이 남겠는가?

누가 널 찾겠는가? 누가 네 아름다움을 볼 것인가?

이제 너는 누구를 사랑할 것인가? 누구의 여자가 될 것인가?

누구와 입을 맞출 것인가? 누구의 입술을 깨물 것인가?

그러나 너, 카툴루스여, 너부터 마음을 굳게 먹어라.

• 푸블리우스 오비디우스 나소Publius Ovidius Naso. 로마의 대표적 시인으로 《변신 이야기Metamorphoses》와 《사랑의 기술Ars Amatoria》이 대표작이다.

•• 가이우스 발레리우스 카툴루스Gaius Valerius Catullus. 로마 공화정 시대의 서정 시인으로 열정적이고 감정이 풍부한 사랑의 시와 풍자시로 유명하다.

로마 시대에는 입맞춤이 정치적·법적 관습 및 사회적·성적 관계에서도 중요한 역할을 했다. 로마인들은 지위에 따라 황제에게 입맞춤이 허용되는 신체 부위가 뺨에서 발에 이르기까지 달랐다. 문맹이 만연했던 시대에 입맞춤은 계약을 승인하는 역할을 하기도 했는데, 여기서 '키스로 서약하다to seal with a kiss'라는 표현이 유래했다. 고대 로마에서는 결혼식에서 커플이 공개적으로 입맞춤하는 것이 결혼을 공식적으로 완성하는 중요한 의식이었고, 이는 오늘날까지 이어지고 있다.

로마 제국이 쇠퇴하면서 입맞춤과 관련된 관습도 달라졌다. 초기 기독교인들은 '거룩한 입맞춤holy kiss'으로 인사를 나누었는데, 그렇게 함으로써 서로의 영혼이 전달된다고 믿었다. 라틴어 'anima'는 '숨결'과 '영혼' 두 가지를 의미하며, 'animus(마음)'처럼 고대 인도유럽어 어근인 'ane(숨을 쉬다, 불다)'에서 유래한다.

키스(연인) 1908 © Artvee
구스타프 클림트 Gustav Klimt

"영혼은 연인의 입술 위에서 다른 영혼을 만난다."

_퍼시 비시 셸리

성 베드로와 성 바울은 입맞춤의 행위를 '사랑'과 '거룩함'으로 표현했지만, 유다가 입맞춤으로 예수를 배신한 사건 때문에 초기 기독교 종파들은 성목요일聖木曜日•에는 입맞춤을 하지 않았다.

교회 밖에서는 입맞춤이 계급과 사회 질서를 확립하는 데 사용됐다. 예를 들면 신하나 봉신은 왕의 옷자락, 교황의 신발이나 반지에 입을 맞춰 그들의 권위에 존경을 표했다.

로마의 몰락 이후, 낭만적인 키스(사회적 키스와 반대되는 개념)는 수백 년 동안 사라진 듯하다가, 11세기 말 궁정 로맨스가 유행하면서 다시 등장했다. '로미오와 줄리엣의 키스'는 이러한 변화, 즉 사랑이 더 이상 가족이나 사회의 규제에 얽매이지 않고 자신의 선택에 따라 자율적으로 추구되며, 기존의 사회적 규범이나 전통에 도전할 수 있는 강력한 힘으로 여겨지게 된 변화를 상징했다.

• 기독교 전통에서 예수님이 최후의 만찬을 나눈 날을 기념하는 날. 부활절 일요일 전의 일주일인 성주간聖週間의 목요일이다.

23

웃음 Laughter

| 인간의 얼굴에서 겨울을 몰아내는 태양• |

철학자들은 웃음을 긍정적으로 보기도 하고 부정적으로 보기도 한다. 사람들이 웃는 상황은 매우 많고 서로 다른 형태로 나타나지만, 엄밀하게 따져보면 우리는 다음의 일곱 가지 이유로 웃는다.

첫째, 자신의 우월감을 보이기 위해 웃는다. 오늘날 우리는 웃음을 대체로 긍정적으로 보지만, 역사적으로는 그런 시각이 일반적이지 않았다. 특히 교회는 웃음이 사람들을 타락시키고 사회 질서를 무너뜨릴 수 있는 위험한 것이

• 프랑스 작가 빅토르 위고의 말.

라 여겨서 수도원에서는 몇 세기 동안 웃음을 금지할 정도였다. 웃음이 미덕이 될 수 없다는 생각은 웃음을 다른 사람을 깎아내림으로써 자신을 높이는 방식으로 보는 웃음의 '우월성 이론Superiority theory'과 맥을 같이한다. 우월성 이론은 토머스 홉스가 주창한 것으로, 그는 웃음을 "타인의 약점이나 과거 자신의 결점과 비교하여 우월감을 느꼈을 때 나타나는 갑작스러운 승리감"이라고 정의했다. 예를 들면, 중세 시대 군중들이 죄수를 공개적으로 조롱하는 모습이나, 현대의 '몰래카메라' 프로그램처럼 남을 웃음거리로 삼는 상황을 떠올려보라.

둘째, 불안과 긴장을 낮추기 위해 웃는다. 우월성 이론은 안도감, 놀라움, 기쁨에서 비롯된 웃음 등 모든 종류의 웃음을 설명할 수는 없다. 지크문트 프로이트와 가장 관련이 높은 웃음의 '긴장 해소 이론Relief theory'에 따르면, 웃음은 우리 안에 쌓여 있던 불안이나 긴장이 풀리는 과정으로 설명된다. 유머는 우리가 꿈을 꿀 때와 마찬가지로 내면의 검열을 우회하여 억압된 감정, 예를 들어 '외국인 혐오xenophobia'와 같은 감정이(혹은 적어도 그 억압과 관련된 긴장 에너지가) 밖으로 드러나게 한다. 이런 점 때문에 우리는 때때로 자신의 웃음에 당황하거나 불편함을 느낄 수 있다. 마찬가지로 코미디언은 분노 같은 강렬한 감정을 유발한 후 갑자기 그 감정을 해소함으로써 관객에게 웃음을 줄 수 있다. 해소 이론은 우월성 이론보다 유연하긴 하지만, 이 역시 모든 종류의 웃음을 설명할 수 없다. 또한 공격적인 농담에 크게 웃는 사람이 꼭 억압된 감정을 많이 느끼는 사람이라고는 할 수 없다.

셋째, 현실과 기대 사이의 부조화를 드러내기 위해 웃는다. 오늘날 더 인기를 끌고 있는 '부조화 이론Incongruity theory'은 임마누엘 칸트, 쇠렌 키르케고르 같은 철학자들과 관련이 있다. 이 이론에 따르면 코미디언은 감정을 불러일으켰다가 그것을 사라지게 함으로써 웃음을 자아내는 것이 아니라, 기대를 불러일으킨 다음 그 기대를 모순되게 함으로써 웃음을 유발한다는 것이다. 키르케고르는 아리스토텔레스의 이론을 토대로 '기대의 위반violation of expectation'이 희극뿐만 아니라 비극의 핵심이라고 강조했다. 차이점은 희극에서는 이 기대의 위반이 웃음을 유발하는 반면, 비극에서는 큰 고통이나 슬픔으로 이어진다는 것이다.

부조화 이론은 해소 이론이나 우월성 이론보다 더 근본적인 이론이라고 할 수 있다. 우리는 누군가 웃음을 터트릴 때 그 이유를 부조화에서 찾는 경향이 있다. 물론 우월감이나 안도감 때문에 웃을 때가 있지만, 그럴 때도 '실제와 상상의 부조화'와 연관 지어 생각하면 웃음의 이유를 더 쉽게 이해하거나 설명할 수 있다. 이해를 위해 부조화와 관련된 재밌는 이야기를 하나 소개하겠다.

거친 물살이 흐르는 강 반대편에 있는 스승을 본 한 제자가 팔을 흔들며 외쳤다.

"스승님, 스승님, 제가 어떻게 하면 반대편으로 건너갈 수 있습니까?"

스승은 미소를 지으며 답했다.

"너는 이미 반대편에 있지 않느냐."

넷째, 경직된 사고를 깨고 자기 인식을 높이기 위해 웃는다. 웃음에 관한 책을 쓴 철학자 앙리 베르그송에 따르면, 우리는 특정 행동이나 습관에 빠지기 쉬워 점차 경직된 사고를 하게 되며 결국 개성이나 창의성, 유연성을 잃는다. 이때 웃음은 이러한 점을 서로에게 지적하고 깨닫게 해주는 방식으로 사회 전체가 더 나은 방향으로 발전하는 데 중요한 역할을 한다. 베르그송은 우리가 자기 인식 없이 기계적이거나 자동적으로 행동할 때, 즉 다른 사람들에게는 보이지만 스스로는 자기 모습을 깨닫지 못할 때 우스꽝스럽게 보일 수 있다고 한다. 따라서 타인의 웃음은 일반적으로 우리의 무의식적인 생각, 자기기만의 방식이나 패턴, 우리가 만들어낸 허구와 현실 사이의 간극을 포착하게 한다. 이 간극이 가장 좁은 사람들은 시인과 예술가들이다. 시인이나 예술가라는 명칭에 걸맞아지려면 끊임없는 자기 인식을 통해 자신을 초월하는 과정이 필요하기 때문이다.

다섯째, 상대를 편안하게 해주기 위해서 웃는다. 웃음을 이해하는 또 다른 방법은 생물학적 혹은 인류학적 관점에서 바라보는 것이다. 어린아이들은 언어 능력을 습득하기 훨씬 전부터 웃을 수 있다. 웃음은 진화론적으로 언어 중추보다 훨씬 오래된 뇌 부위와 관련이 있으며, 다른 동물들에게도 그런 부위가 존재한다. 특히 영장류는 장난을 치거나 서로 간지럼을 태울 때 웃음 비슷한 소리를 낸다. 인간 아이들과 마찬가지로 영장류의 웃음은 그런 행위가 공격적이거나 위험하지 않다는 것을 알리는 신호로 작용하는 것 같다. 그런 면에서 보면 〈배트맨〉의 '조커'는 얼굴에 항상 미소가 있지만, 그 신호가 실제로는 위험한 의도를 감추고 있기 때문에 섬뜩하게 느껴지는 것이나.

© pixabay

영장류의 웃음과 인간의 웃음은
둘 다 긴장 완화에 도움이 되지만,
인간의 웃음은 언어와 결합하여
풍자, 유머, 사회적 규범의 표현 등
더 복잡한 방식으로 발전했다.

여섯째, 사회적 유대감을 형성하고 민감한 메시지를 전달하기 위해 웃는다. 오늘날에도 웃음의 중요한 기능은 단순히 농담이나 유머에 대한 반응이 아니라, 사회적 유대감을 형성하고 유지하는 데 있다. 유머는 사회적 윤활제이자, 만족감과 수용, 소속감을 전달하는 신호다. 게다가 유머는 일반적인 사회적 비용을 들이지 않고서도 요점을 강조하거나 민감한 메시지를 전달할 수 있는 중요한 의사소통 방식이기도 하다. 동시에 유머는 사슴의 뿔처럼 계급을 드러내거나 암컷을 유혹하는 데 사용되는 세련된 형태의 공격성일 수 있다.

일곱째, 자아를 초월하고 삶을 가벼운 마음으로 받아들이기 위해 웃는다. 웃음의 시작은 놀이의 신호였을지 모르지만, 시간이 지나면서 다양한 기능으로 진화해왔다. 선불교의 스승들은 웃음으로 자아를 초월하면 자신을 받아들이는 것이 훨씬 쉬워진다고 가르친다. 가장 고차원적인 수준에서 보면 웃음은 '자아가 산산이 부서지는 소리'다. 즉, 웃음은 우리 자신과 우리의 삶을 넘어서는 관점을 얻고 (그리고 그 관점을 드러내며), 일종의 불멸과 신성을 달성하는 수단이다. 영국 최초의 여성 의원인 낸시 애스터Nancy Astor는 자신의 임종을 앞두고 모든 가족이 모여 있는 모습을 보고 "오늘이 내 장례식인지 생일인지 헷갈리는구나"라고 우스갯소리를 했다고 한다.

24

자존감 Self-esteem

|벗어날 수 없는 나 자신과의 로맨스• |

자신감을 뜻하는 영어 'confidence'는 '신뢰하다'라는 뜻의 라틴어 'fidere'에서 유래했다. 자신감이 있다는 것은 '세상을 믿고 신뢰한다'는 의미다. 이는 또한 자신을 믿고 신뢰하는 것, 특히 세상과 상호작용할 수 있는 자신의 능력을 믿고 성공을 신뢰한다는 뜻으로 연결된다. 자신감이 있는 사람은 기회를 포착하고 도전에 맞서며, 건설적인 비판을 받아들이고 일이 잘못됐을 때 책임을 진다.

성공적인 경험의 토대가 자신감이라면, 자신감의 토대는 성공적인 경험이다.

• 오스카 와일드의 희곡 《이상적인 남편》 중 "To love oneself is the beginning of a lifelong romance"를 인용.

많은 사람이 특정 분야에서는 매우 자신감이 있지만 다른 분야에서는 그렇지 않을 수 있다. 예를 들어 춤이나 말타기는 잘할 자신이 있지만, 요리나 스피치를 할 때는 자신감이 부족할 수 있다. 자신감이 부족하거나 없는 상황에서는 용기가 그 자리를 대신한다. 자신감이 우리가 이미 알고 있는 영역에서 작동한다면 용기는 미지의 영역, 불확실한 영역, 두려운 상황에서 발휘된다. 내가 수영에 능숙해질 수 있었던 것은 깊은 물에도 과감하게 들어갈 용기가 있었기 때문이다. 용기는 자신감보다 더 고귀하다. 왜냐하면 용기는 자신감보다 더 많은 힘과 노력이 필요하며, 용기 있는 사람은 무한한 가능성을 지녔기 때문이다.

자신감과 '자존감self-esteem'은 연관성은 높지만 같은 의미는 아니다. 특히, 사람에 따라 자신감은 높지만 자존감은 낮을 수 있다. 가령 많은 연예인이나 유명인이 무대나 공개적인 자리에서는 자신감이 넘치지만, 개인적인 삶에서는 자존감이 낮거나 다른 어려움을 겪는다.

'존경'을 뜻하는 'esteem'의 어원은 라틴어 'aestimare(평가하다, 가치 있게 여기다, 무게를 재다)'에서 유래한 것으로, 자존감은 자신의 가치에 대한 인지적이고 감정적 평가다. 더 나아가 자존감은 우리가 생각하고, 느끼고, 행동하는 방식을 결정하는 기반으로서 타인, 그리고 세상과의 관계를 반영한다. 예를 들어, 자기부정적 감정인 수치심 대신 자기성찰적인 죄책감을 느끼거나, 나보다 잘난 사람에 대해 질투심을 느끼기보다 그를 모방해보려는 생산적인 열망을 느끼게 한다.

건강한 자존감을 가진 사람들은 소득, 지위, 명성과 같은 외적인 것들로 자신을 떠받칠 필요가 없을뿐더러, 술, 마약, 섹스와 같은 의존적인 수단에 기댈 필요도 없다. 오히려 그들은 자신을 존중하고 자신의 건강과 자신을 둘러싼 공동체와 환경을 잘 관리하고 돌본다. 그리고 실패나 거절을 두려워하지 않기 때문에 새로운 프로젝트나 사람들에 대해 전적으로 헌신할 수 있다. 물론 그들도 상처받고 실망할 때가 있지만, 그렇다고 위축되거나 움츠러들지 않는다. 오히려 그들은 회복력이 높아서 사람들과 새로운 기회에 대해 열린 마음을 가지며 위험을 감수할 수 있고, 기쁨과 즐거움에 빠르게 반응하며 타인과 자신을 있는 그대로 받아들이고 용서할 줄 안다.

자존감을 '자긍심pride'이나 '거만함arrogance'과 비교하는 것도 도움이 된다. 자신감이 '나는 할 수 있다'의 의미이고, 자존감이 '나는 나다'의 의미라면, 자긍심은 '나는 해냈다'의 의미다. 자긍심을 느낀다는 것은 자신이 한 행동에 긍정적인 면이 있다고 여길 때 그로 인해 기쁨을 느끼는 것이다. 이는 내면의 결핍감이나 공허함에서 비롯되는 '거만함'과는 극명하게 다르다. 영어에서 거만함을 뜻하는 'arrogance'는 라틴어 'rogare(묻다, 제안하다)'에서 파생되어 유래했는데, '자신에게 특정한 권리나 지위가 있다고 주장하거나 당연히 그렇다고 여기는 태도'를 말한다. 거만한 사람들은 끊임없이 인정받기를 원하기 때문에 항상 자랑을 늘어놓고 권리를 주장하며, 쉽게 분노하고 실수나 실패로부터 배우지 못한다. 반면 건강한 자존감을 지닌 사람은 다른 사람을 깎아내림으로써 자신을 높이려 하지 않고, 그저 존재 자체의 기적을 기쁘게 여기면서 긍정적이고 겸손한 태도로 조용히 자기 일을 수행한다. 한 가지 분명한 것은 거만함은 자존감이 과도해서 생기는 것이 아니라, 오히려 부족할 때 나타난다는 점이다. '과도한 건강'이나 '과도한 용기'라는 것이 존재할 수 없는 것처럼, '과도한 자존감'이라는 것도 존재할 수 없다. '겸손humility'은 낮은 자존감을 의미하지 않을뿐더러 심지어 상관관계도 없다. 겸손한 사람들은 세상에는 자신 외에도 중요한 것들이 많다는 사실을 잘 이해하고 있다. 이러한 상태는 가장 높은 수준의 자존감, 즉 건강하고 균형 잡힌 자존감의 특징이다.

물론 자존감이 낮은 사람은 오만한 태도를 보이지 않는 대신 혼자 조용히 괴로워하는 경우가 더 많다. 그들은 세상을 적대적인 곳으로 여기고 자신을 희생자로 보는 경향이 있다. 그 결과 그들은 자신을 표현하거나 주장을 하는 것을 꺼리고, 다양한 경험과 기회를 놓치며, 자신에게는 상황을 변화시킬 힘이 없다고 느낀다. 결국 이렇게 되면 자존감이 더욱 떨어져 악순환에 빠지게 된다.

나는 개인적으로 사람들은 모두 건강한 자존감을 가지고 태어나지만 삶의 다양한 경험들로 인해 자존감이 강화되거나 약화된다고 생각한다. 세상의 어떤 동물도 태어날 때부터 자신을 미워하지는 않는다. 낮은 자존감은 일반적으로 부모와의 오랜 분리, 방임, 학대와 같은 어린 시절의 트라우마와 관련이 깊다. 성인이 된 후에는 건강 문제, 이혼이나 실직 같은 삶의 힘든 사건이나 비정상적인 인간관계, 사회적 고립, 차별, 무력감 등의 이유로 자존감이 손상될 수 있다.

낮은 자존감과 정신 질환 사이의 관계는 한마디로 정의하기 어렵다. 자존감이 낮으면 정신 질환이 생기기 쉽고, 정신 질환이 생기면 자존감에 부정적인 영향을 줄 수 있다. 또한 자존감이 낮은 것 자체가 정신 질환의 증상일 수 있기 때문에 닭과 달걀의 문제처럼 어느 것이 먼저인지 정확히 구분하기 어렵다.

●■◤

그렇다면 자존감을 높이는 비결은 무엇일까? 많은 사람이 자존감보다 자신감을 키우기가 더 쉽다고 여기고 그 둘을 혼동해서 단순히 재능과 성과만 나열하는 경우가 많다. 그들은 삶의 실질적인 문제를 직시하기보다는 자격증과 상장 뒤에서 평생을 숨어 지낸다. 대학에 다녀본 사람이면 알겠지만, 성취한 것이 많다고 해서 건강한 자존감을 갖게 되는 것은 아니다.

이와 마찬가지로 아이들에게 공허하고 과도한 칭찬으로 자존감을 높이려고 하는 것은 효과가 없다. 아이들은 이런 가짜 칭찬에 속지 않을 가능성이 높고, 오히려 그런 행위가 스스로 자존감을 키우려는 아이의 노력에 방해가 될 수 있다. 여기서 말하는 '노력'이란 무엇일까? 우리는 꿈과 기대에 부응하며 살 때 스스로 성장하고 발전하는 것을 느낄 수 있다. 결과에서는 실패했지만 그 과정에서 최선을 다했다고 생각할 때도 마찬가지다. 자신의 가치관을 지키며 그에 따른 결과를 마주할 때마다 우리는 자신이 성장하고 있음을 느낀다. 우리가 성장하는 데는 바로 이런 경험들이 필요하다. 성장은 부모의 기대나 고용주의 가치관이나 목표에 부응하는 것이 아니고, 오직 우리 자신의 이상에 부끄럽지 않게 사는 데 달려 있다.

소크라테스는 자신의 이상을 위해 용감하게 살다가 그 이상을 위해 용감하게 죽음을 맞이한 사람이다. 그는 사물의 본질과 현실을 이해하고 판단하며 통제할 수 있는 정신의 능력에 대한 믿음을 한 번도 잃은 적이 없었다. 그는 끊임없이 마음과 현실을 일치시키려 했고, 생각과 사실을 맞추려 노력했기 때문에 여전히 수많은 문헌 속에서 생생하게 살아 있다. 소크라테스는 단순히 위대한 철학자를 넘어서, 철학이 언젠가 우리를 자유롭게 할 수 있다는 이상을 몸소 실현한 인물이었다.

소크라테스의 죽음 1787 © Artvee
자크 루이 다비드 Jacques Louis David

"너 자신을 알라."
자신을 있는 그대로 인정하는 것은
외부의 평가가 아닌 내면의 확신을 통해
자존감을 키우는 길이다.

25

경이로움 Wonder

| 삶이 허락하는 순수한 아름다움 |

플라톤의 〈테아이테토스〉* 에서 소크라테스는 젊은 테아이테토스에게 여러 가지 난해한 모순을 제시한다. 다음은 그들 간의 대화의 일부다.

소크라테스: 테아이테토스, 잘 따라오고 있구나. 내가 보기에 네가 이 질문들에 대해 이전에 생각해 본 적이 있는 것 같은데.

테아이테토스: 그렇습니다, 소크라테스. 그런 것들을 생각하면 정말 놀랍습니다. 맹세컨대 그렇습니다! 그리고 이런 것들

---

* 플라톤의 《대화편》 중 하나로, 소크라테스와 젊은 철학도 테아이테토스 간의 대화를 통해 지식의 본질과 인식의 문제를 탐구하는 내용을 담고 있다.

이 도대체 무슨 의미인지 알고 싶습니다. 때로는 이런 것들을 생각하느라 머리가 혼란스러울 때도 있습니다.

소크라테스: 그래, 테아이테토스. 테오도루스가 자네를 두고 철학자라고 한 것을 보면 자네의 성향을 제대로 파악한 게야. 왜냐하면 모름지기 경이로움은 철학자들에게 속한 감정이며, 철학은 바로 경이로움에서 시작되기 때문이지.

아리스토텔레스는 자신의 저서인 《형이상학》에서 최초의 철학자들이 철학적 탐구를 시작하게 된 이유가 '경이로움 wonder' 때문이라고 추측한다. 그는 사람들이 경이로움 속에서 자신의 무지함을 느낄 때, 그 무지에서 벗어나기 위해 철학에 눈을 돌린다고 생각했다. 토마스 아퀴나스도 이에 동의하며 《형이상학》에 관한 해설에서 "철학은 경외심에서 출발하기 때문에 철학자는 신화와 시적 우화를 좋아할 수밖에 없다. 시인과 철학자는 경외심이 크다는 점에서 서로 비슷하다"라고 덧붙였다.

플라톤, 아리스토텔레스, 아퀴나스 같은 사람들은 더 나아가 과학, 종교, 예술 등 일상적인 것을 초월하는 모든 것이 경이로움에서 출발한다고 주장한다. 그렇다면 이 경이로움은 정확히 어떤 감정일까?

경이로움은 '놀라움', '호기심', '관조', '기쁨'의 요소를 포함하는 복합적인 감정이다. 또한 특별히 아름답거나 희귀하거나 예상치 못한 것, 즉 '경이로운 것marvel'에 의해 의식과 감정이 고조된 상태로 볼 수 있다. 영어 'marvel'은 라틴어 'mirus(경이로운, 놀라운)'에서 파생된 단어로, 'mirabilia(경이로운 것들)'과 고대 프랑스어 'merveille(경이로움)'을 거쳐 현재의 형태가 됐다. 같은 어근에서 파생된 'admire'라는 단어는 원래 '감탄하다'라는 의미였는데, 16세기 이후로 이 의미는 점차 약해졌고 경이롭다는 개념 자체도 축소되었다.

아퀴나스가 철학자와 시인을 같은 맥락에서 언급한 것은 둘 다 경이로움에 감동할 줄 알아서다. 시의 목적은 넓게 보면 세상의 경이로움을 기록하는 것이고, 또 다른 의미에서는 경이로움을 재현해서 사람들에게 이를 불러일으키는 것이다.

경이로움은 '경외감awe'과 가장 비슷하다. 경외감은 경이로움에 비해 '자신보다 훨씬 크거나 강한 것'에 더 명확하게 집중하는 감정이다. 따라서 경외감은 기쁨보다는 '두려움', '존경reverence', '숭배veneration'와 더 밀접하게 관련된다. 그러므로 존경의 요소가 없다면, 경외감에는 두려움이나 공포감만 남게 된다.

경이로움은 웅장한 풍경, 자연 현상, 인간의 지적·신체적 성취, 놀라운 사실과 규모 등을 통해 자극받을 수 있다. 경이로움이 느껴질 때 사람들은 눈을 반짝이며 대상을 응시하거나, 입을 벌리고 숨을 잠시 멈추기도 한다. 경이로움은 우리가 평소에 갇혀 있던 생각에서 벗어나 더 넓은 세상을 보게 해준다. 결국 우리는 경이롭다는 감정을 느낌으로써 우리가 본래 속했던 세상으로 돌아가며, 일상에 갇혀 잃어버릴 뻔한 세상과 다시 연결된다.

하지만 여기서 말하는 경이로움은 테아이테토스를 철학적 탐구로 이끈 더 추상적인 형태의 경이로움과는 차이가 있다는 점에 주목해야 한다. 철학자의 경이로움, 또는 '소크라테스적 경이로움Socratic wonder'은 경외감보다는 무언가를 이해하지 못했을 때 느끼는 '혼란puzzlement'이나 '당혹감perplexity'에서 비롯된 감정이다. 소크라테스적 경이로움은 자연경관 같은 외부적인 것이 아니라 자신의 사고와 언어에서 발견되는 모순들로부터 생겨난다. 그리고 이러한 모순을 해결하고 싶은 마음에 의해 철학적 탐구를 시작하도록 자극한다.

테아이테토스: 그렇습니다, 소크라테스. 그런 것들(그 모든 의문점과 모순들)을 생각하면 정말 놀랍기만 합니다. 맹세컨대 그렇습니다! 그리고 이런 것들이 도대체 무슨 의미인지 알고 싶습

니다. 때로는 이런 것들을 생각하느라 머리가 혼란스러울 때도 있습니다.

소크라테스가 철학에 입문하게 된 계기, 혹은 자신의 혁신적인 철학적 방법을 고안하게 된 계기는 자신의 무지를 고백했음에도 델포이 신탁에서 그를 모든 사람 중에서 가장 지혜로운 자라고 선언해 혼란에 빠졌기 때문이었다. 소크라테스는 논리적으로 맞지 않아 보이는 신탁의 의미를 이해하기 위해 정치가, 시인, 장인 등 현명하다고 여겨지는 여러 사람에게 질문을 던졌고, 다음과 같은 결론을 내렸다. "나는 내가 모르는 것을 안다고 생각하지 않는다는 점에서 그들보다 조금 더 지혜롭다".

경외감에 가까운 경이로움은 보편적인 경험으로 아이들이나(서커스나 동물원을 구경하는 아이들의 모습을 떠올려보라), 심지어 고등동물인 유인원과 일부 다른 동물들에서도 찾아볼 수 있다. 이에 반해 소크라테스적 경이로움은 극히 일부 사람들만 이해하는 감정이다. 소크라테스가 '철학자의 감정'이라고 표현한 것에서 알 수 있듯이, 모든 사람이 느끼는 것이 아니다.

프랜시스 베이컨은 《학문의 진보》에서 이러한 소크라테스적 경이로움을 '지식의 불완전함'이나 '단절'의 뜻으로 '깨진 지식broken knowledge'이라고 불렀다. 경이로움은 우리 내면에 균열을 일으켜 우리를 일상적인 자아나 생각에서 벗어나게 만든다. 이러한 균열은 철학뿐 아니라 과학, 종교, 예술을 통해서도 스스로 채워지기를 갈망하며, '통찰과 창조'라는 더 고귀한 형태의 세 번째 경이로움을 불러일으킨다.

플라톤을 비롯한 다른 철학자들과 마찬가지로 철학자 앨프리드 노스 화이트헤드Alfred North Whitehead는 "철학은 경이로움에서 시작한다. 그리고 철학적 사유가 최선을 다한 후에도 경이로움은 남는다"라고 말했다. 하지만 실제로 경이로움은 그저 남는 정도가 아니라 더 커진다. 예를 들어 케플러의 행성 운동 법칙이나 원소의 주기율표와 같은 과학적 발견들은 원래 풀고자 했던 문제 자체보다 더 놀랍고 경이로운 결과를 가져왔다. 경이로움은 문화를 낳고, 그 문화는 또 다른 경이로움을 불러일으킨다. 결국 경이로움의 궁극적인 결과는 지혜이며, 지혜는 경이로움이 지속되는 상태다.

경이로움을 느낀다는 것은 방황하는 것과 같다. 또한 사회와 그 사회의 규범과 구조에서 벗어나 혼자가 되고 자유로워지는 것을 의미한다. 이는 근본적으로 체제나 질서를 뒤흔드는 성격을 지니기 때문에 체계화된 종교에서도 경이로움에 대해서 신중한 태도를 보인다.

사람들은 비일상적인 경이로움에 대한 두려움을 합리화하기 위해 경이로움을 성인이 되면서 극복해야 할 유치한 감정으로 치부한다. 하지만 분명히 우리는 어린 시절에는 누구나 경이로움으로 가득 차 있었다. 성인이 되면서 삶의 필요와 걱정들로 인해 경이로움을 느낄 여유가 점차 사라진 것뿐이다.

오늘날 대부분의 청년들은 '경이로운 업적marvelling'이나 배움을 위해서가 아니라, 단지 자기파괴적인 경력을 쌓기 위한 졸업장 하나를 얻기 위해 대학에 진학한다. 하지만 그들이 처음부터 경이로움과 지혜를 추구했다면 경력이라는 것을 쌓아야 할 필요가 없었을 것이다.

© pixabay

옥스퍼드 대학의 '꿈꾸는 첨탑'* 은
보는 사람의 시선이 하늘로 향하도록 지어졌다.

* '꿈꾸는 첨탑dreaming spires'이라는 말은 영국 시인 매슈 아널드Matthew Arnold가 자신의 시에서 옥스퍼드의 고딕 양식 건물과 아름다운 첨탑들이 하늘을 향해 솟아 있는 모습을 낭만적으로 표현하기 위해 처음 사용했다.

26

황홀감 Ecstasy

| 나의 인식과 영혼을 초월하는 경험 |

그리스어로 '잘 견디다'라는 뜻의 '유포리아euphoria'는 광범위하고 확장되는 특성의 강한 희열이나 극도의 행복감을 나타낸다. 이런 '강렬한 행복감'은 일상생활에서 쉽게 경험할 수 없지만, 특정한 물질이나 경험으로 나타난다. 예를 들어, 큰 성취를 이뤘을 때, 아주 아름다운 것을 보았을 때, 예술이나 음악을 감상할 때, 사랑을 느낄 때, 성적 쾌감을 느낄 때 그리고 운동 같은 신체 활동을 할 때다. 또한 양극성 장애 및 기타 여러 정신과적·신경학적 문제의 증상으로도 나타날 수 있다.

유포리아의 최고 단계는 '황홀감', 즉 '엑스터시ecstasy'라고 할 수 있는데, 이 단어는 '자신의 바깥에 있다'를 의미하는 그리스어에서 유래했다. 황홀감은 어떤 대상에 대한 의식이 매우 고조되어 주체가 그 외부 대상에 녹아들거나 합쳐지는 상태다. 이론물리학자이자 대표적인 천재인 알베르트 아인슈타인은 이를 두고 '신비로운 감정'이라고 부르며 '인간이 느낄 수 있는 최고의 감정'이자 '모든 예술과 참된 과학의 근원', 그리고 '진정한 종교적 감정의 핵심'이라고 했다.

인간은 종교적 동물이다. 그래서 대부분의 문화권에서는 황홀감을 신의 강림이나 신의 계시, 신과의 결합이라는 측면에서 이해해왔다. 많은 전통에서 명상, 술이나 약물에 취하기, 의식적인ritual 춤 등의 방법으로 황홀경이나 '깨달음enlightenment'을 구하려 했다. 예를 들어, 고대에는 이집트의 '주정 축제Festival of Drunkenness', 그리스의 '디오니소스 의례Dionysian Mysteries', '키벨레 숭배Cult of Cybele'• 와 같은 비밀 의식들이 있었다.

하지만 종교가 없는 사람들도 황홀감을 느낄 수 있다. 오늘날에는 주로 축제나 클럽, 레이브 파티 등에서 '우연히' 경험하게 되는데, 이를 통해 무신론자나 불가지론자

• 고대 소아시아(현재의 튀르키예 지역)에서 시작되어 그리스와 로마로 전파된 종교적 의식이다. 키벨레는 대지의 어머니 여신으로 풍요, 생명, 생식력을 상징하는 존재로 숭배되었다.

agnostics• 같은 이들도 특정 종교의 복잡한 규칙, 의식, 전통 같은 외형적인 요소들에 얽매이지 않고 황홀감 같은 깊은 종교적 체험을 할 수 있다.

●■◤

우연히 찾아오는 황홀감은 주로 새로운 환경, 낯선 환경, 특별한 상황에서 일어날 가능성이 높다.

이 경험은 보통 말로 설명하기 힘들 정도로 강렬한 황홀감으로 묘사된다. 특히 처음 경험하면 인생을 바꿀 만한 사건으로 여겨진다. 이때 사람은 무아지경에 빠지게 되는데, 이 상태는 몇 분에서 몇 시간까지 지속될 수 있다. 또한 황홀감을 느끼는 사람은 그 시간 동안 깊은 평온함과 고요함을 느끼고, 눈물을 흘리거나 무의식 상태에 가까울 정도로 외부 자극에 둔감해질 수 있다.

일례로 내 친구는 몰디브로 가는 비행기 안에서 처음으로 황홀경을 맞이했다. 당시 그 친구는 헤드폰으로 코란을 듣고 있었는데, 마침 인도양 위로 해가 떠오르며 대부분 사람이 잠들어 있는 조용한 기내로 아침 햇살이 부드럽게 비

• 신의 존재 여부나 초월적 진리의 유무를 알 수 없다고 믿는 사람.

쳐 들었다고 한다. 그때의 경험을 친구는 다음과 같이 묘사했다.

내 삶이 정말 충만해지는 느낌이었어. 아니, 그 이상이었지. 마치 모든 생명과 삶 자체가 완전히 채워진 듯한 그런 순간이랄까. 그 경험이 모든 걸 다른 시각으로 보게 해줬어. 모든 게 조화롭고, 목적이 있고, 고귀하다는 것을 느끼게 해줬지. 그때 이후로 내 인생이 완전히 달라졌어. 내가 하는 모든 일, 아니, 하지 않는 일까지도 그때의 깨달음에 바탕을 두고 있다는 걸 알게 됐어. 마치 내 마음속에 빛과 생명의 통로가 열린 것 같았달까. 그때 이후로 난 더 생생하게 깨어 있고 살아 있다는 느낌을 받아. 그리고 그 첫 경험의 여운을 지금도 종종 느껴. 신기한 건, 이런 감정이 아주 작은 것들로도 다시 떠오른다는 거야. 새가 지저귀는 소리, 방 안으로 들어오는 햇살, 친구 얼굴에 스치는 순간적인 표정, 아니면 그저 내가 살아 있다는 걸 문득 깨닫게 해주는 그 어떤 것들 말이야!

© pexels

황홀감을 경험하면 강렬한 통찰이나 '에피파니epiphany(현현)'를 만날 수 있다. '에피파니' 또는 '유레카의 순간eureka moment'은 갑작스럽고 강렬한 통찰이나 깨달음을 의미하는데, 특히 독창적이고 심오한 의미를 지닌 경우를 말한다. 한 예로, 내 친구는 그동안 매우 높은 스펙을 쌓아왔다. 그런데 한순간 그 화려하고 인상적인 이력서로 얻을 수 있는 것들이 사실은 가치가 없다는 것을 깨닫고는 이력서를 찢어버렸다. 산스크리트어로 '깨달음'을 '보도다야bodhodaya'라고 한다. 이는 '지혜'를 의미하는 'bodha'와 '떠오름'을 의미하는 'udaya'가 합쳐진 것으로, 말 그대로 '지혜의 떠오름'을 의미한다.

친구의 에피소드를 마무리하자면, 얼마 후 한 고용주가

이메일로 내 친구에게 이력서를 요청했고, 친구가 이력서가 없다고 답하자 "매우 인상적이군요!"라고 회신했다고 한다.

●■◤

황홀감의 가장 큰 특징은 아마도 자아가 모든 존재와 하나로 융합되면서 경계가 없어지는 현상일 것이다. 현대 사회는 그 어느 때보다 자아의 절대적 우월성을 강조하기 때문에 개인 각자의 독립성과 책임을 강조한다. 우리는 어릴 때부터 '자아ego'나 '남들에게 보이는 모습persona'을 철저히 통제하고, 자신을 가능한 많은 사람에게 드러내는 것을 목표로 삼도록 가르침 받는다. 그 결과 우리는 내려놓는 법을 잊어버렸고, 실제로 그 가능성조차 인식하지 못하면서 의식적인 경험이 빈곤해지거나 단조로워지는 상황에 이르렀다. 내려놓는다는 것은 그동안의 삶, 그리고 심지어는 지금의 자신조차 위협할 수 있지만 현대 사회의 좁은 시야와 결핍으로부터 우리를 자유롭게 한다.

오노레 드 발자크의 말처럼, "인간은 절망 속에서 죽고, 영혼은 황홀 속에서 죽는다"•.

• 발자크의 소설 《세라피타》에 나오는 구절로, 인간의 육체적 죽음과 영적 해방을 대비하여 표현했다.

에필로그

| 천국과 지옥 |

일본에서 전해지는 옛이야기 중에 한 승려와 사무라이에 관한 이야기가 있다.

어느 날, 한 선승이 졸졸 흐르는 시냇물을 따라 길을 걸으며 절로 가던 중에 흙투성이 차림으로 심하게 다친 사무라이를 발견했다.

"무슨 일이 있었습니까?" 승려가 물었다.

"주군의 보물을 운반하던 중 도적들의 습격을 당했습니다. 하지만 죽은 척을 한 덕분에 혼자 살아남았지요. 눈을 감고 바닥에 엎드려 있는데, 한 가지 의문이 계속 머릿속을 맴돌더군요. 스님, 천국과 지옥의 차이는 무엇입니까?"

"동료들이 죽어가는데 어떤 무사가 죽은 척을 한단 말인가! 부끄러운 줄 알아라! 죽을 때까지 싸웠어야지. 네 모습을 보라. 너는 네 신분과 네 스승, 네 모든 조상들의 수치다. 너는 먹을 자격도, 숨 쉴 자격도 없거니와 내가 힘들게 얻은 지혜를 받을 자격은 더더욱 없다!"

그러자 사무라이는 분노에 휩싸여 자리에서 벌떡 일어나 승려의 머리 위로 검을 내리쳤다. 하지만 칼이 닿기 직전에 승려는 말투와 태도를 바꾸며 차분하게 말했다.

"이것이 지옥입니다."

그 순간 사무라이는 검을 비틀어 겨우 승려를 피했고, 수치심과 후회로 가득 차 승려 앞에 무릎을 꿇었다.

"알지도 못하는 이에게 목숨을 걸고 가르침을 주셔서 감사합니다. 스님을 위협한 저를 부디 용서해 주십시오."

사무라이는 눈물을 흘리며 말했다. 그러자 승려가 말했다.

"그것이 천국입니다."

참고문헌

발췌문

- John Milton, Paradise Lost, Bk 1: 254–255.

프롤로그

- Ekman P, Friesen WV, & Ellsworth P (1982): What emotion categories or dimensions can observers judge from facial behaviour? In P Ekman (Ed.), Emotion in the
- Human Face, pp. 39–55. Cambridge University Press.
- Plutchik R, The Emotions (Revised edition, 1991). University Press of America.
- D. Hume (1738): A Treatise of Human Nature II.3.3, 415.
- Aristotle, Nicomachean Ethics, Bk 10. Trans. WD Ross.
- Stobaeus, Anthology, 4, 7, 26.

01 지루함

- E. Fromm, The Theory of Aggression, p. 7. Written by Fromm to introduce his book The Anatomy of Human Destructiveness, first published in the New York Times Magazine in February 1972.
- As quoted in P. Toohey (2012), Boredom: A Lively History. Yale University Press.
- Plutarch, The Parallel Lives: The Life of Pyrrhus, 13. Published

in Vol. IX of the Loeb Classical Library edition, 1920.
- Aquinas, Summa Theologica II-II, 35, 3.
- C. Wilson (1984), A Criminal History of Mankind, p. 610. Panther Books.
- A Schopenhauer, On the Vanity of Existence (from Essays).
- A. Camus (1957), The Fall. Trans. Neel Burton.
- Wilson T.D. et al (2014): Just think: The challenges of the disengaged mind. Science 345(6192): 75-77.
- PwC (2019), Global Entertainment and Media Outlook: 2019-2023.
- B. Russell (1930), The Conquest of Happiness, Ch 4 Boredom and excitement.
- B. Russell (1951), Autobiography, Vol 2, Ch 8.
- Thich Nhat Hanh (1991), The Miracle of Mindfulness. Rider Books.
- J. Boswell (1791), The Life of Samuel Johnson, L.L.D.

02 외로움

- McPherson M (2006), Social isolation in America: Changes in core discussion networks over two decades. American Sociological Review 71 (3), 353-75.
- A. Chekhov (1921), Note-Book of Anton Chekhov. Trans. SS Koteliansky and Leonard Woolf.
- F. Nietzsche (1886), Beyond Good and Evil, Ch 2, 49. Trans. Helen Zimmern.
- F. Nietzsche (1881), The Dawn of Day, 491. Trans. John McFarland Kennedy.
- R.M. Rilke (1902), Letter to Paula Modersohn-Becker dated February 12, 1902. Trans. Jane Bannard Greene and MD Herter Norton.
- R.M. Rilke (1903), Auguste Rodin.

- A. Storr (1988), Solitude, p.202. Flamingo.

03 게으름

- Bible, OT, Ecclesiastes 10:18-19 (KJV).
- W Shakespeare (c. 1607), Antony and Cleopatra, Act III Sc. 11.
- Lord Melbourne 'masterful inactivity'. Schumpeter: In Praise of Idleness, The Economist, August 17, 2013.
- Jack Welch 'looking out of the window time'. Schumpeter: In Praise of Idleness, The Economist, August 17, 2013.
- Kekule first mentioned the snake dream in an extemporaneous speech at a benzene symposium in 1890.
- Hsee C.K. et al. (2010), Idleness aversion and the need for justifiable busyness. Psychological Science 21(7): 926–930.
- A. Camus (1957), La Chute. Trans. NB.
- O. Wilde (1891), The Critic as Artist: With Some Remarks Upon the Importance of Doing Nothing.

04 당혹감, 수치심, 죄책감

- Aristotle, Rhetoric, Bk 2 Ch 6.
- J.P. Sartre (1944), No Exit, Act I Sc. 5.
- C. Bradatan (2015), Dying for Ideas: The Dangerous Lives of Philosophers.

05 교만 또는 자긍심

- Bible, OT, Ecclesiastes 1:2 (VUL).
- Bible, OT, Ecclesiastes 1:2 (KJV).
- Bible, OT, Proverbs 16:18 (KJV).
- Albertanus of Brescia (1238), De amore et dilectione Dei… (On Love...), Bk IV, De superbia (On Pride).
- Tracy J.C. & Matsumoto D. (2008): The spontaneous expression of pride and shame: Evidence for biologically innate non-

verbal displays. Proceedings of the National Academy of Sciences 105: 11655–11660.
- Aristotle, Nicomachean Ethics, Bk IV Ch 3. Trans. W.D. Ross.

06 속물근성

- Henke J., Duran Duran: Middle Class Heroes. Rolling Stone, 2 February 1984.
- McSmith A., State school pupils are 'potted plants', says Tory. The Independent, 5 October, 2006.
- Hugh Kingsmill, as quoted in J. Epstein (2003), Snobbery: The American Version. Mariner Books.

07 굴욕감

- Lactantius, De mortibus persecutorum, Ch V.
- Kant (1797), Fundamental Principles of the Metaphysics of Morals.

08 겸손

- Plato, Apology. Trans. Benjamin Jowett.
- Descartes (1637), La geometrie (appendix to the Discours de la methode).
- Bible, OT, Isaiah 14:12–15 (KJV).
- Bible, OT, Numbers 12:13 (KJV).
- Bible, OT, Proverbs 3:34 (KJV).
- Bible, NT, Matthew 23:12 (KJV).
- Augustine of Hippo, as quoted in Manipulus Florum (c. 1306), edited by Thomas of Ireland.
- Augustine of Hippo, Sermon 19:2 on the New Testament.
- Bhagavad Gita, 18:20–22.
- Hume (1751), An Enquiry Concerning the Principles of Morals, IX.I.
- Nietzsche (1887), On the Genealogy of Morality, First Essay.

Morris J. et al. (2005): Bringing humility to leadership: Antecedents and consequences of leader humility. Human Relations 58.10: 1323–1350.

09 감사

- J.B. Massieu, Letter to Abbe Sicard.
- G. Simmel (1908), Faithfulness and Gratitude.
- Seneca, Moral Letters to Lucilius, On Worldliness and Retirement. Trans. RM Gummere.
- Cicero, Oratio pro Cn. Plancio, 80.
- McCullough ME et al. (2002): The grateful disposition: A conceptual and empirical topography. Journal of Personality and Social Psychology, 82:112–127.
- Wood A.M. et al. (2009): Gratitude predicts psychological well-being above the Big Five facets. Personality and Individual Differences, 45:655–660.
- Wood A.M. et al. (2007): Coping style as a psychological resource of grateful people. Journal of Social and Clinical Psychology, 26:1108–1125.
- Shakespeare, King Lear, I–4.
- Hume (1738), A Treatise of Human Nature, III–I.
- Kant (2001), Lectures on Ethics. Cambridge University Press.
- Æsop's Fables: The Slave and the Lion.

10 시기심

- J. Epstein (2003), Envy. Oxford University Press.
- Dante, The Divine Comedy, Purgatory XIII.
- N.W. Aldrich Jr. (1988), Old Money: The Mythology of Wealth in America. Alfred A. Knopf.
- Homer, Iliad, 24:25–30.
- Bible, OT, Genesis 4:4–8 (KJV).

- Bible, OT, Wisdom of Solomon 2:24 (KJV).
- B. Russell (1930), The Conquest of Happiness.
- Aristotle, Rhetoric, Bk. 2.
- Bible, OT, Proverbs 24:17–18 (KJV).
- C. Bukowski (Nov 1971), Letter to Steven Richmond.
- Aristotle, Rhetoric, Bk. 2.

11 탐욕

- M. Friedman (1980), Free to Choose television series.
- Maslow A.H. (1943): A theory of human motivation. Psychological Review 50(4):370-96.
- Dante, Divine Comedy, Purgatory XX.
- Mahabharata, Santi Parva, CLVIII. Trans. Sri Kisari Mohan Ganguli.

12 욕망

- Bible, OT, Genesis 1:3.
- Rig Veda, Bk. 10, hymn 129.
- Hume (1738), A Treatise on Human Nature.
- Krishnamurti (1975), The Beginnings of Learning, Pt. 2 Ch. 8. Phoenix (2003).
- Bhagavad Gita, 3:41.
- Schopenhauer (1818): The World As Will And Representation, Vol. 2, 573. Trans. R.B. Haldane and J. Kemp, 1883.
- Schopenhauer (1818), The World as Will and Representation, Vol. 2, 557.
- Schopenhauer (1818), The World as Will and Representation, Vol. 2, 208–10.
- Schopenhauer (1839), On the Freedom of the Will. Der Mensch kann tun was er will; er kann aber nicht wollen was er will.
- Schopenhauer (1851), The Wisdom of Life. Trans. T. Bailey

Saunders, Echo Library (2006).

- Diogenes Laertius, Lives and Opinions of Eminent Philosophers, Bk. 6.

13 희망

- Attributed to Aristotle by Diogenes Laertius, Lives and Opinions of Eminent Philosophers, Bk. 5.
- Plato, Protagoras.
- Æsop, The Spendthrift and the Swallow. Trans. GF Townsend.
- The principal source for Pandora is Hesiod, Works and Days, lines 60–105.
- Bible, NT, Corinthians 13:13 (KJV).
- Dante, The Divine Comedy, Inferno 3.
- M. Luther (1569), Table Talk, 298. Trans. W. Hazlitt (1848 edition).
- A. Camus (1942), The Myth of Sisyphus. La lutte elle-meme vers les sommets suffit a remplir un coeur d'homme. Il faut s'imaginer Sisyphe heureux.
- Virgil, Aeneid, II, 354.

14 향수

- Bible, OT, Psalms 137 (KJV).
- A Brink (1975), An Instant in the Wind.
- Virgil, Aeneid, 1.461 ff.
- J.J. Rousseau (1767), Dictionnaire de musique.
- Zhou X. et al. (2012): Heartwarming memories: Nostalgia maintains physiological comfort. Emotion 12(4):700.
- W. Whitman, Song of the Universal, final verses.
- C.S. Lewis, The Pilgrim's Regress, afterword to the third edition (1944).
- C.S. Lewis (1941), The Weight of Glory.

15 야망

- Plato, Republic, Bk. 7
- Aristotle, Nicomachean Ethics, Bk. 2. Trans. WD Ross.
- Aristotle, Nicomachean Ethics, Bk. 4.
- Aristotle, Politics, Bk. 2.
- F. Bacon (1625), Essays, Of Ambition.
- Judge, T.A. & Kammeyer-Mueller, JD (2012): On the value of aiming high: The causes and consequences of ambition. Journal of Applied Psychology 97:758–775.
- Aristotle, Rhetoric, Bk. 2. Trans. W. Rhys Roberts.
- A. Christie (1939), And Then There Were None.

16 분노

- Aristotle, Nicomachean Ethics, Bk. 2.
- Aristotle, Rhetoric, Bk. 2.
- Horace, Epistles 1.2.

17 인내심

- Bible, OT, Proverbs 16:32 (KJV).
- Bible, OT, Ecclesiastes 7:8–9 (KJV).
- Bible, NT, 1 Thessalonians 5:14–15 (KJV).
- Krishnan S. and Sitaraman R. (2012): Video Stream Quality Impacts Viewer Behavior. ACM Internet Measurement Conference, Nov. 2012.
- Mischel W. et al. (1972): Cognitive and attentional mechanisms in delay of gratification. Journal of Personality and Social Psychology 21(2): 204–218.
- J. de la Bruyere (1688), Les Caracteres, Des jugements.
- Kidd C. et al. (2013): Rational snacking: Young children's decision-making on the marshmallow task is moderated by beliefs about environmental reliability. Cognition 126(1):109–114.

18 신뢰

- Plato, Republic, Bk. 1.
- Machiavelli (1532), The Prince XXI.
- Aristotle, Nicomachean Ethics, Bk. 10.
- Hobbes (1651), Leviathan I, 13.
- Hobbes (1651): Leviathan II, 17.

19 용서

- Eads L. (2017): Five jailed over failed £50m Chasseuil wine heist. Thedrinksbusiness.com, 26 June 2017.
- Tolstoy L. (1869): War and Peace.
- Plato, Apology.
- Aristotle, Nicomachean Ethics, Bk. 3.
- Bible, Leviticus 16:10 (KJV).
- Bible, John 1:29 (KJV).
- Bible, Psalms 103:12 (KJV).
- Bible, Ephesians 4:31-32 (KJV).
- Bible, Matthew 6:15 (KJV).
- Bible, Luke 15:32 (KJV).

20 공감

- E.B. Titchener (1909), Lectures on the experimental psychology of the thought-processes. The MacMillan Company, New York.
- J. Steinbeck (1941), The Forgotten Village, Preface. Viking.
- Zhuangzi and A.C. Graham (1981), The Seven Inner Chapters and other writings from the book of Chuang-tzu, 123. George Allen and Unwin.

22 입맞춤

- Shakespeare (c. 1602), Troilus and Cressida, Act IV Sc. 5.

- Vātsyāyana, Kama Sutra, Part 2 Ch. 3, On Kissing.
- Homer, Iliad, Bk. 24. Trans. Samuel Butler.
- Herodotus, Histories 1.134.
- Herodotus, An Account of Egypt.
- Bible, OT, Song of Solomon 1:2 (KJV).
- Catullus 8, Trans. AS Kline.
- Bible, NT, Luke 22:48.

23 웃음

- T. Hobbes, Human Nature (1650) Ch. 9, sect. 13. Aristotle, Poetics.
- S. Kierkegaard (1846), Concluding Unscientific Postscript.
- H. Bergson, Le Rire (1900).

25 경이로움

- Plato, Theaetetus. Trans. Benjamin Jowett.
- Aristotle, Metaphysics, Alpha.
- Aquinas, Commentary on Aristotle's Metaphysics, Bk. 1, Lesson 3, 4.
- AN Whitehead (1938), Modes of Thought, Lecture.
- Plato, Apology. Trans. GMA Grube.
- F. Bacon (1605), The Advancement of Learning, Ch. 1.
- Bible, NT, Matthew 19:14 (KJV).
- Bible, NT, Matthew 18:3, 18:6 (KJV).

26 황홀감

- A. Einstein, as quoted in P Barker and CG Shugart (1981), After Einstein: Proceedings of the Einstein Centennial Celebration, p179. Memphis State University Press.
- Balzac (1835), Seraphita, Ch. 3.

옮긴이 박선영

문학 학사, 영어 교육학 석사 과정을 마치고 영국 복지단체와 외국계 기업에서 근무했다. 현재 바른 번역 소속 출판 전문번역가로 활동 중이다. 《다윈의 실험실》, 《니체의 삶》, 《결혼학개론》, 《어른의 시간》, 《고통의 비밀》, 《데일 카네기 인간관계론》, 《지구를 구하는 뇌과학》 등 다수의 책을 번역했다.

감정은 어떻게 인간을 지배하는가

초판 1쇄 2025년 2월 3일
저자 닐 버튼
옮긴이 박선영
편집 김은찬 김대웅 **디자인** 배석현
ISBN 979-11-93324-43-1 03120

발행인 아이아키텍트 주식회사
출판브랜드 북플라자
주소 서울시 강남구 학동로 329 북플라자 타워
홈페이지 www.bookplaza.co.kr

오탈자 제보 등 기타 문의사항은 book.plaza@hanmail.net으로 보내주세요.
잘못된 책은 구입하신 서점에서 교환해 드립니다.